LEÓN XIV

MATTHEW BUNSON

LEÓN XIV

Retrato del primer papa norteamericano

EDICIONES RIALP
MADRID

Título original: *Leo XIV: Portrait of the First American Pope*

© 2025 *by* Matthew Bunson. Publicado por Sophia Institute Press.
© 2025 de la edición española traducida por Diego Pereda
   by EDICIONES RIALP, S. A.,
   Manuel Uribe 13-15 - 28033 Madrid
   (www.rialp.com)

Cubierta: por gentileza de Sophia Institute Press

Preimpresión: www.produccioneditorial.com

ISBN (edición impresa): 978-84-321-7179-6
ISBN (edición digital): 978-84-321-7180-2
ISBN (edición bajo demanda): 978-84-321-7181-9
ISNI: 0000 0001 0725 313X
Depósito legal: M-15888-2025
Impreso en Anzos, S. L., Fuenlabrada (Madrid)

Dedico este libro a mi esposa,
Bonny Bunson.

ORACIÓN CON INDULGENCIA DEL PAPA LEÓN XIII POR EL SUPREMO PONTÍFICE

Señor, unidos a millones de fieles, y postrados aquí a tus pies, te suplicamos que salves, defiendas y preserves largo tiempo al Vicario de Cristo, el padre de esta gloriosa congregación de almas, nuestro padre. Él pide por nosotros, hoy y todos los días, y te ofrece ferviente la víctima sagrada del amor y la paz. Vuélvenos, pues, Señor, tu mirada misericordiosa a quienes, olvidándonos de nosotros mismos, oramos ahora y ante todo por él. Que nuestras súplicas se unan a las suyas y sean recibidas en el abrazo de tu infinita misericordia, como el suave aroma de esa caridad viva y eficaz por la que los hijos de la Iglesia están unidos a su padre. Todo lo que él te pida hoy, también lo pedimos con él. Sea que se aflija, se alegre, espere u ofrezca una víctima de amor por su pueblo, deseamos estar unidos a él. Concédenos, Señor, que ninguno de nosotros esté alejado de su mente ni de su corazón en la hora de sus oraciones, y cuando él, nuestro ilustrísimo pontífice, sosteniendo el cuerpo de Jesucristo en sus manos, diga al pueblo sobre el cáliz de la bendición: «La paz del Señor esté siempre con vosotros», haz que tu dulcísima paz, Señor, descienda con un poder nuevo y manifiesto, a nuestros corazones, y a todas las naciones de la tierra. Amén.

Raccolta, devocionario, edición de 1906

ÍNDICE

PRÓLOGO. «¡Que la paz esté con todos vosotros!» 13

INTRODUCCIÓN. Destinado a algo grande 19

PARTE 1.
CHICAGO: LA CIUDAD
DE ESPALDAS ANCHAS

1 UNA EDUCACIÓN AMERICANA 33

2. TESTIGO DEL DECLIVE 45

3. HIJO DE AGUSTÍN 55

PARTE 2.
PERÚ: TIERRA DE CONTRASTES

4. PADRE ROBERTO 73

5. CRISTO EN PERÚ 83

6. CORAZÓN MISIONERO 95

PARTE 3.
ROMA: LA CIUDAD ETERNA

7. UN ECLESIÁSTICO EXPERIMENTADO 105

8. EL CÓNCLAVE 117

CONCLUSIÓN. UNA NUEVA ÉPOCA LEONINA.................... 127

EPÍLOGO 137

NOTAS 143

AGRADECIMIENTOS 149

PRÓLOGO
«¡Que la paz esté con todos vosotros!»

La tarde del 8 de mayo de 2025, decenas de miles de personas congregadas en la plaza de San Pedro aguardaban con una expectación inquieta el veredicto de los cardenales electores reunidos en la Capilla Sixtina. Era la segunda jornada del cónclave para escoger al sucesor del papa Francisco, y ya se habían producido tres votaciones inconcluyentes, rubricadas por el humo negro que emitía la chimenea provisional instalada en el tejado de la capilla. La cuarta votación —primera de la tarde— ya tendría que haber terminado y, en caso de no alcanzarse una mayoría, los cardenales pasarían a la quinta, cuyas papeletas se prenderían para que se elevase de nuevo el humo, blanco o negro.

De pronto, a las 18:08 en la hora local, la multitud se enfervorizó al observar que de la chimenea empezaba a brotar humo blanco. Los cardenales reunidos en cónclave habían escogido al 267.º papa en la historia de la Iglesia.

Finalmente, la elección se produjo en la cuarta ronda y, siguiendo las normas del cónclave, el fuego que consumió las papeletas produjo una humareda blanca.

Mientras el sol declinaba en la ciudad de Roma, las puertas de la logia principal de San Pedro se abrían, y el decano de los cardenales, el protodiácono Dominique Mamberti, anunciaba en latín:

Annuntio vobis gaudium magnum; habemus Papam! Eminentissimum ac Reverendissimum Dominum, Dominum Robertum Franciscum Sanctae Romanae Ecclesiae Cardinalem Prevost. Qui sibi nomen imposuit LEONEM XIV.

Os anuncio una gran alegría: ¡tenemos papa! El eminentísimo y reverendísimo señor don Roberto Francisco, cardenal Prevost de la santa Iglesia romana, quien se ha impuesto el nombre de LEÓN XIV.

El anuncio sorprendió a la muchedumbre, y la extrañeza se convirtió en un asombro que recorrió todo el orbe al descubrir que el cardenal Robert Francis Prevost, nacido en Chicago, Illinois —un estadounidense— había sido escogido como 266.º sucesor de san Pedro, con el nombre de León XIV. Poco después, el papa León XIV salió de la logia para impartir su primera bendición apostólica *Urbi et Orbi*, «a la ciudad y al mundo». La emoción le hizo detenerse un instante breve, y después pronunció sus primeras palabras como pontífice, en italiano: *La pace sia con tutti voi!* («Que la paz sea con todos vosotros»), y continuó:

Queridos hermanos y hermanas, estas son las primeras palabras que dijo Cristo resucitado, el buen pastor que dio su vida por el rebaño de Dios. Me gustaría que este saludo de paz resonase en vuestros corazones, en vuestras familias, en todas las personas, allí donde se encuentren, y en cada nación del mundo. ¡Que la paz sea con vosotros!

Es la paz de Cristo resucitado. Una paz desarmada y desarmante, humilde y perseverante. Una paz que procede de Dios, el Dios que nos ama a todos, incondicionalmente[1].

En su *Urbi et Orbi*, el nuevo papa habló en italiano, español y latín, pero las primeras palabras fueron las que ya estaban dando forma a su pontificado recién nacido: «¡Que la paz esté con todos vosotros!».

León XIV llegaba al papado a los 69 años, con una súplica por la paz, tras largas décadas de ministerio como sacerdote, misionero, obispo y cardenal, y como un miembro fiel de la orden agustina que había ejercido en Estados Unidos, en las misiones y diócesis de Perú y en Roma. Fue elegido en la cuarta votación del cónclave para suceder al papa Francisco por parte del cuerpo de electores más numeroso y diverso de la historia de la Iglesia, y estos habían señalado al primer papa nacido en Estados Unidos, al primer norteamericano y al segundo consecutivo procedente de ese continente.

En su deseo, León XIV expresaba también el anhelo de una paz que no solo abarca los ámbitos culturales, políticos, socioeconómicos y eclesiásticos del mundo y de la Iglesia, sino la auténtica, la paz —como dijo— de Cristo resucitado. Si los cardenales lo habían elegido era porque se trataba de un constructor de puentes hacia la auténtica paz, en consonancia con el símbolo y el título tradicionales del papado: un *pontifex*. Como dijo sobre su elección el cardenal Timothy Dolan, «no debería extrañarnos que lo hayamos considerado alguien capaz de tender puentes. Eso es lo que significa la palabra "pontífice"; el que dispone los puentes». Así pues, este periodo eleva esa misión de tender puentes a su máxima intensidad, en una época de hondas necesidades. En apariencia, su elección respondía al consenso de cardenales conservadores, moderados y progresistas, y aparecía como un viaducto entre América del Norte y del Sur, entre la experiencia latinoamericana iniciada por el papa Francisco y Roma, el corazón de la Iglesia. Pero, por encima de todo, León XIV une —al continuarlos e integrarlos— los pontificados más próximos, el Concilio Vaticano II (1962-1965), a los Padres de la Iglesia (en particular a uno de sus doctores, san Agustín de Hipona) y la obra monumental de la doctrina social de la Iglesia, que recibió su primer ímpetu poderoso con el pontificado y la persona de León XIII (r. 1878-1903) y su encíclica *Rerum novarum*, de 1903.

Nos encontramos en el inicio mismo de este nuevo pontificado, pero León XIV, con su serenidad, autoridad tranquila y firmeza amable ya se ha erigido papa y sucesor no solo de los papas Francisco, Benedicto XVI y san Juan Pablo II, sino de sus 266 predecesores, comenzando por san Pedro, cuya sepultura se encuentra bajo el baldaquino de la basílica que lleva su nombre.

Esta biografía de nuestro nuevo Santo Padre ofrece un retrato de la vida, formación y trayectoria sin precedentes de Robert Francis Prevost hasta el papado. Ha sido un camino de fe, de esperanza y de servicio, y, por encima de todo, de amor por Cristo y por su Iglesia. El pontificado de León XIV ha nacido con una oración por la paz del

Cristo resucitado. En los días que han sucedido a estas primeras palabras, hemos descubierto a un papa atento a la relevancia eterna y a la inmensidad doctrinal de la Iglesia, que puede y debe proponerse de forma renovada a un mundo cada vez más descreído.

INTRODUCCIÓN.
DESTINADO A ALGO GRANDE

Todos los hombres sensatos coinciden, y nosotros mismos intuimos con agrado, que Estados Unidos parece destinada a algo grande. Por tanto, es nuestro deseo que la Iglesia católica no solo comparta sino que contribuya a esta previsible grandeza[2].

ESTAS SON LAS PALABRAS que escribió en enero de 1895 el papa León XIII en la encíclica *Longuinqua*, también llamada "Sobre el catolicismo en Estados Unidos", a los dirigentes de la Iglesia en ese país. Salvo inspiración divina, no pudo saber que el siguiente papa que llevaría su nombre procedería de dicha nación. Se trata de un honor que muchos consideraron que jamás le sería otorgado a Estados Unidos, al menos no en un futuro cercano, o al menos no mientras este fuese el país dominante en el mundo. El obispo Robert Barron ha contado cómo el difunto cardenal Francis George, de Chicago, dijo que si seguía siendo una superpotencia nunca contaría con un papa; de lo contrario, podría interpretarse que la Iglesia se había convertido en una herramienta más de su hegemonía política. Está por ver si la proclamación del cardenal Robert Prevost indica que el poder americano está en decadencia, pero lo que no puede negarse es que, igual que la Iglesia ha transmitido tantas bendiciones a Estados Unidos, los Estados Unidos ofrecen ahora un presente a la Iglesia, como el cumplimiento hermoso, y también irónico, de las palabras del anterior León:

> Igual que vuestras ciudades, en el transcurso de un solo siglo, han experimentado un crecimiento maravilloso en riqueza y poder, hemos visto cómo la Iglesia, desde unos comienzos humildes y pobres, creció rápidamente hasta alcanzar un desarrollo grandioso. Sin embargo, si la prosperidad y los recursos de vuestras ciudades se atribuyen con justicia a los talentos y la laboriosidad del pueblo americano, por su parte, el florecimiento del catolicismo debe adscribirse, en primer lugar, a la virtud, la capacidad y la prudencia de los obispos y sacerdotes, pero en una medida no menor, también a la fe y generosidad de los católicos laicos[3].

Aun así, en un momento determinado entre León XIII y León XIV, las fortunas de Estados Unidos y de la Iglesia de ese país empezaron a divergir. La nación conservó su primacía mundial y, tras el hundimiento de la Unión Soviética, también el poder indisputado, mientras la cultura católica estadounidense, sobre todo en el Noreste y en el Medio Oeste tan querido por León XIV, luchaba por sobrevivir. Como se verá, casi todas las instituciones católicas que alimentaron los primeros años de Robert Prevost, propiciando que aceptase la llamada de Dios al sacerdocio, han dejado de existir, o parecen sufrir un desgaste irremediable. El porcentaje de población católica en el país, después de incrementarse en la primera mitad del siglo xx, se ha estancado en torno al 20 % desde hace años, cifra similar a la de la época de León XIII. Más importante aún es la proporción de los 53 millones de católicos que asisten a la misa dominical, y que, según el instituto Pew Research, se ha desplomado hasta el 24 %. Y ese número refleja un leve crecimiento, gracias a los católicos que han retomado poco a poco el precepto, hasta alcanzar los niveles anteriores a la pandemia. Es un hecho que la vida cívica y cultural norteamericana parece acompasarse con el declive del catolicismo. La confianza en sí de la nación, desde el respeto a las instituciones hasta la creencia en el bien y los objetivos comunes, se encuentra en su punto histórico más bajo. Hay quien sospecha que el cardenal George estaba en lo cierto: que haya un papa estadounidense significa que el poder del país se va desvaneciendo.

Si León XIII estuviese entre nosotros, diagnosticaría que esta crisis de confianza y de sentido se relaciona de modo directo con una crisis equivalente dentro de la Iglesia en Estados Unidos. Así escribió a los católicos del país en 1895:

Sin moral, el Estado no puede pervivir, y esta es una verdad de la que el ilustre ciudadano al que acabamos de citar [George Washington] percibió y proclamó con una intuición digna de su genio y su talla de estadista. Y el cimiento más sólido y mejor de la moralidad es la religión. [...] La Iglesia no es otra cosa que una sociedad legítima, fundada por voluntad y deseo de Jesucristo para la custodia de la moral y la defensa de la religión[4].

León XIII continuaba explicando que «el manantial de bendiciones» se derrama sobre «el orden temporal»; en otras palabras, las gracias de Cristo que la Iglesia canaliza no solo sostienen la vida espiritual y el camino al paraíso, sino que son un cimiento indispensable para la felicidad en esta tierra, que incluye la paz política y la supervivencia de sus instituciones cívicas. El surgimiento de un nuevo León no ha podido ser más oportuno. Igual que en tiempos del anterior, el mundo padece una temible agitación política, económica y, sobre todo, tecnológica, en cuyo primer frente de batalla se encuentra Estados Unidos.

¿Qué puede ofrecerle al mundo de hoy un papa nacido en este país? Aún lo desconocemos, pero somos capaces de leer los signos de los tiempos —por citar una de las expresiones preferidas del Concilio Vaticano II, tratando de discernir lo que el Señor ha dispuesto para la Iglesia y para el mundo al enviar a un norteamericano para que sea nuestro Santo Padre—.

MÁS ALLÁ DE LA DICTADURA DEL RELATIVISMO

El mundo cambia a un paso de vértigo. El orden internacional sostenido desde la conclusión de la Segunda Guerra Mundial está virando hacia algo nuevo y distinto. En qué se convertirá, y cómo de desestabilizante será la transición, no se sabe, pero el papa Francisco tuvo una intuición muy certera al afirmar que no vivimos en una época de cambios, sino en un cambio de época. Una revolución tecnológica en forma de inteligencia artificial está transformando la política y la economía tanto, al menos, como lo hizo el motor de combustión, y quizá con mayor profundidad aún, porque la IA también está alterando radicalmente nuestra relación con el conocimiento, con la creatividad, con el trabajo, con los demás y con nosotros mismos.

¿Qué significa ser humanos? ¿Somos especiales, en algún sentido relevante? ¿Vale la pena engendrar más personas? ¿Es digna de preservarse la civilización humana? ¿Y qué ocurre con la creatividad humana, la amistad humana, el trabajo humano? Son preguntas que, con una u otra formulación, llevan planteándose en la época moderna y posmoderna, pero la IA ha elevado la apuesta hasta su nivel existencial, ya que ofrece la posibilidad de decir que no, de un modo definitivo y verdadero, a la humanidad.

Sigue así la estela de los teléfonos inteligentes y de las redes sociales, que han conectado a las personas en abstracto, al tiempo que las fracturan y las llenan de ansiedades, socavando su confianza y su felicidad. Los medios de comunicación, como ha observado León XIV, no dejan de ofrecer alternativas a la verdad católica, haciéndolas más atractivas o, peor aún, inevitables, y además con un contacto directo con casi cualquier persona, niños incluidos. Todo esto, mientras la Iglesia católica atraviesa su mayor disenso en generaciones, si no en siglos. La tendencia a la polarización política que atraviesa el mundo no ha esquivado a la Iglesia. Las discusiones sobre su lugar y su posicionamiento ante el mundo moderno, sostenidas desde hace décadas, se han hecho acuciantes y rebosan de desconfianza, tanto entre los católicos como en el seno de las estructuras eclesiales, y hay quienes temen el riesgo inminente de un cisma, o de una implosión institucional. Por otra parte, las inquietudes que manifestaba el difunto papa Benedicto XIV, como lo que definió en 2005 con el título de «dictadura del relativismo», ya no son una hipótesis. La cultura dominante ha pasado de defender que todas las verdades son equivalentes, o que no pueden conocerse, a afirmar, a través de las nuevas ideologías, que las verdades largo tiempo asentadas, como la definición de los sexos o la centralidad de la familia nuclear para la sociedad, son un mero error. A cambio, ofrecen unas nuevas verdades, que tratan de imponer con la cultura de la cancelación y la vigilancia draconiana sobre pensamientos, palabras y obras.

La Iglesia se enfrenta a una realidad novedosa, en forma de ideologías y tecnologías emergentes con capacidad para transformar el mundo. De hecho, ya lo están haciendo, en este mismo instante, y a un ritmo que supera toda revolución técnica e intelectual del pasado. Llegamos así a otro documento magistral de León XIII. Cuatro años antes de dirigirse a los católicos estadounidenses, este gran pontífice reflexionó con hondura sobre la respuesta que debía dar la Iglesia a los cambios devastadores propiciados por la Revolución Industrial, en un documento que sentó las bases de la doctrina social de la Iglesia: *Rerum novarum* o, muy apropiadamente, «De las cosas nuevas».

Cosas nuevas

Ya en el segundo día de su pontificado, León XIV habló ante el Colegio de Cardenales que acaba de elegirlo, y explicó su nombre papal:

> Aunque hay distintas razones, la principal se debe a que el papa León XIII, en su histórica encíclica *Rerum novarum*, abordó la cuestión social en el contexto de la primera gran revolución industrial. En esta época, la Iglesia ofrece a todos el tesoro de su doctrina social como respuesta a otra revolución industrial y al desarrollo de la inteligencia artificial, que plantea nuevos retos a la defensa de la dignidad, la justicia y el trabajo humanos[5].

Un mensaje claro: como respuesta a las «cosas nuevas» de nuestro tiempo, el mundo precisa de una renovación del testimonio católico, y la Iglesia también debe renovar su doctrina social.

Explicada con sencillez, la doctrina social de la Iglesia es la aplicación del depósito doctrinal de la fe y la moral de la Iglesia a las esferas política, social y económica. En multitud de aspectos, la concreción para situaciones particulares permite interpretaciones diversas, mediante el «juicio prudencial» que, no obstante, sigue informado por los indispensables principios católicos. Estos principios fundacionales, como el respeto y la defensa de la dignidad de la persona humana o la búsqueda del bien común, se aplican a todo tiempo y lugar. Por ejemplo, el principio del destino universal de los bienes afirma que los recursos materiales de una sociedad deben distribuirse para que nadie tenga menos de lo necesario para vivir con dignidad, lo que incluye mantener a la propia familia, con la progenie que Dios prevé. Al mismo tiempo, toda persona está obligada a contribuir a la sociedad con su trabajo —también el doméstico— en la medida de sus posibilidades. El principio de la subsidiariedad es el que dictamina que los problemas sociales deberían resolverse en el nivel de autoridad apropiado, y en general en el más bajo que aconseje la prudencia, lo que deja espacio a la libertad e independencia de las familias y comunidades locales para ordenar su vida como consideren. El de solidaridad, que dio frutos magníficos en Polonia, cuando su población estaba oprimida por la Unión Soviética comunista, aboga por el reconocimiento de la dependencia mutua, y obliga a concentrarse en el bien común, más que en el particular.

La definición de este bien común quedaría articulada en la constitución apostólica del Concilio Vaticano II sobre la Iglesia en el mundo moderno, *Gaudium et spes*, como «el conjunto de condiciones de la vida social que hacen posible a las asociaciones y a cada uno de sus miembros el logro más pleno y más fácil de la propia perfección»[6]. Es un lenguaje enrevesado a primera vista, pero se puede pensar en los bienes comunes como en aquellos que pueden compartirse sin que disminuyan. Cuando de la paz civil participan más personas, por ejemplo, esta no se agota. Ocurre lo contrario: si son más los que la comparten, se extiende y encuentra su expresión.

León XIII no definió todas estas ideas en *Rerum novarum*, pero sentó las bases que los futuros pontífices aclararían, renovarían e incrementarían para responder a las realidades políticas y económicas de su tiempo respectivo.

Por eso, todos los que han gobernado desde entonces han firmado las denominadas «encíclicas sociales», como Pío XI con la *Quadragesimo anno* (1931), san Juan XXIII con *Pacem in terris* (1963), san Pablo VI con *Populorum progressio* (1967), san Juan Pablo II con *Centesimus annus* (1991), Benedicto XVI con *Caritas in veritate* (2009) y Francisco con *Laudato si'* (2015) y *Fratelli tutti* (2020).

Ahora es León XIV quien indica con claridad que ha llegado el momento de renovar y hacer crecer la doctrina social de nuevo, para incorporar la respuesta a la revolución digital y de la IA. La auténtica expresión de la doctrina social siempre muestra el mismo rasgo, que es el de no identificarse con ninguna ideología secular existente. En *Rerum novarum*, León XIII atacó a los barones industriales que explotaban a los obreros en las fábricas, y criticó con dureza la economía del *laissez-faire* que permitía, cuando no fomentaba y recompensaba, esta explotación. Pero también defendió con fuerza la propiedad privada y condenó a las ideologías, como el socialismo, que negaban su importancia.

Una doctrina renovada para el mundo contemporáneo no será la que ensalce a un movimiento o personaje político, ni tampoco podrá describirse con un adjetivo único. No será «conservadora» ni «progresista», aunque contendrá sin duda cualidades de los primeros —la preocupación por el ritmo del cambio y la confianza en las tradiciones sociales— y de los segundos —el afán por aplicar reformas profundas que alivien las condiciones sociales injustas—.

Ciertos comentaristas han pretendido mostrar ya a León XIV como hostil al presidente de Estados Unidos,

Donald Trump, y a su vicepresidente, J. D. Vance, basándose en un puñado de publicaciones en redes sociales de los últimos meses y años; este suele ser el atajo más común a la hora de malinterpretar al Santo Padre y a la doctrina social en conjunto. Si se renueva, esta doctrina incomodará a todos los políticos y tendencias; su insistencia en la dignidad de la vida humana desde la concepción hasta la muerte natural, por ejemplo, colisionará en algunos aspectos con la izquierda, con la derecha en otros, y con los antihumanistas tecnólogos, que imaginan una sustitución de los seres humanos por la inteligencia artificial, en todos.

Entonces, ¿qué guiará a León XIV en su respuesta al mundo contemporáneo? ¿Cuáles serán las diferencias de enfoque con sus predecesores? Es probable que la respuesta se encuentre en una tradición teológica a la que ha dedicado su vida: la de san Agustín.

EN UNO SOMOS UNO

Como se verá, León XIV ha estado vinculado a la orden agustiniana, y se ha dedicado a san Agustín, desde su primer año de instituto. El gran doctor de la Iglesia conforma todo lo que cree sobre Cristo, su Iglesia y su relación con el mundo, y así se ve, en concreto, en su lema episcopal, tomado de un recóndito sermón de san Agustín sobre el salmo 127: *In illo uno unum*, que se traduce como «En el Uno [Cristo] somos uno». De ahí el énfasis constante del nuevo papa en la unidad cristiana, pero en una unidad basada en la persona divina de Jesucristo. Dicho de otro modo, la respuesta cristiana a las crisis mundiales, y a la división interna, nace de un acento renovado en la unidad cristiana *en Jesucristo y por Él,* que no significa que todos caminemos en fila india o que adoptemos las mismas prácticas, ni idéntico ideario político. Con lo que tiene que ver es con la caridad, con el amor de Dios, fundamental en la teología agustiniana y también en el ministerio de León XIV.

Es significativo que, en el mismo pasaje del que extrajo su lema, san Agustín observe: *Multi homines sunt, et unus homo est; multi enim Christiani, et unus Christus.* «Muchos son los hombres y uno solo es el hombre, pues muchos son los cristianos y uno solo es Cristo». La unidad en Cristo, por tanto, no destruye nuestra diversidad ni nuestra individualidad, sino que las realza. No hay pruebas de que san Agustín pronunciase o escribiese la famosa cita que se le atribuye: «En lo esencial, unidad; en lo no esencial, diversidad, y en todas las cosas, caridad», pero el fragmento del que procede el lema episcopal de León describe más o menos la misma idea.

En sus primeras homilías y comentarios, el papa ha encaminado a sus oyentes, una y otra vez, hacia la persona de Cristo. En la logia sobre la plaza de San Pedro, mostró a los fieles no un mero deseo genérico de paz, sino uno específico, el de la «paz del Cristo resucitado». En su primera homilía pública, reflexionó sobre la pregunta inagotable que formuló Cristo a su propio predecesor, Pedro: «¿Quién decís vosotros que soy yo?» La respuesta del papa ha consistido en enfatizar a la persona divina de Cristo, aquel en quien somos uno. Cristo no fue una especie de «líder carismático o superhombre», como muchos piensan hoy, y León ha ido más allá: tampoco faltan los cristianos que ven de este modo a Jesús y, como resultado, viven «en un estado de ateísmo en la práctica»[7]. Al fin y al cabo, si *Él* no fuese «*Cristo, el Hijo del Dios vivo*» —según la contestación del primer Pedro—, *¿qué sentido tendría todo?* Si se tratara solo de un hombre singular, la unidad cristiana, y la unidad en general, carecerían de fundamento, y tampoco tendrían base ni la solidaridad, ni la justicia ni la paz. Solo existirían el poder, la confusión y el caos. Y, como nos recuerda León XIV, esta idea no es una especulación: basta con mirar alrededor para descubrir que es la realidad.

PARTE 1.
CHICAGO: LA CIUDAD
DE ESPALDAS ANCHAS

1.
UNA EDUCACIÓN AMERICANA

EL POETA CARL SANDBERG dijo de Chicago, en una cita célebre, que era «la ciudad de espaldas anchas», sobre las que hoy se ha alzado un vicario de Cristo. Robert Francis Prevost nació el 14 de septiembre de 1955 en el Hospital de la Misericordia del barrio de Bronzeville del South Side de Chicago. Como muchos otros homónimos en Estados Unidos, el establecimiento había sido fundado en el siglo XIX por las Hermanas de la Misericordia. 58 años antes, en ese mismo lugar, había muerto el venerable Augustus Tolton. El padre Tolton fue el primer sacerdote negro norteamericano, nacido como esclavo en Missouri en 1854. Su familia y él escaparon en 1863 a Illinois, donde dio muestras de una inteligencia y santidad muy destacadas, hasta el punto de que fue enviado a la Universidad Pontificia Urbaniana de Roma, ciudad en la que se ordenó en 1886, y donde celebró su primera Misa, en la basílica de San Pedro.

Casi un siglo y medio después, Robert Prevost celebraría en esa misma iglesia madre de Roma como el 266.º sucesor de san Pedro, y este pontífice con raíces en el catolicismo negro norteamericano sería además devoto del mismo santo al que Tolton debía su nombre de pila: san Agustín. No hay coincidencias para la providencia divina.

Robert fue el tercero de tres varones, junto a sus hermanos John Joseph y Louis Martin Prevost, hijo de Mildred y Louis, residentes en Dolton (Illinois), una zona residencial en el extremo sur de la ciudad de Chicago, más próximo a Indiana que a su circunvalación. La vivienda, una sencilla construcción de ladrillo visto estilo Cape Cod, en el 212 E, 141.º Place, dentro de un vecindario también modesto, fue construida en su origen para alojar a trabajadores de esa parte de la región, muy industrializada, y que era —y sigue siendo— un nudo ferroviario importante: es imposible avanzar unas manzanas sin toparse con vías.

Cuando se anunció la elección, la casa estaba en venta, con un precio de salida de 199 900 dólares por unos 112 metros cuadrados útiles, aunque ni siquiera parecía tan grande: en un anuncio anterior, se consignaban solo 70 metros. Era la clase de vivienda pequeña pero sólida en la que habían crecido un sinfín de niños y niñas americanos, dando algún que otro golpe contra las paredes —sobre todo si eran tres chicos Prevost, de edades cercanas—, pero también disfrutando de la familiaridad de un vecindario unido. Este, en concreto, era hondamente católico, de aquellos en los que ir a Misa se da por sentado, y donde la parroquia se erige en el centro de la vida comunitaria no solo los domingos, sino durante toda la semana. La familia Prevost podía caminar menos de un kilómetro desde su casa de Dolton para cruzar la ciudad, y unas cuantas vías, hasta la zona de Riverdale de Chicago, donde se encontraba la iglesia de Santa María de la Asunción.

La Iglesia en una iglesia

La historia de la parroquia de La Asunción es la de la Iglesia católica en Estados Unidos, sobre todo en ciudades clásicas como Chicago. En la década de 1880, esta urbe crecía sin cesar hacia el sur; entre las calles 103 y 115, aproximadamente, la compañía Pullman levantó una ciudad corporativa para los empleados de su fábrica de autobuses, pero no fue suficiente. La ciudad seguía extendiéndose, hasta alcanzar, y después superar, el río Little Calument, dando lugar a un barrio llamado Riverdale.

Las familias alemanas del vecindario solicitaron a la archidiócesis una parroquia propia, y en 1886 el arzobispo irlandés, Patrich Feehan, accedió. Al año siguiente se terminaron las obras y, como en muchas otras iglesias parecidas de ciudades en crecimiento, desde Providence hasta Pittsburgh, fueron la fe, los donativos y el trabajo de las familias de clase obrera las que construyeron un hogar para Jesús en medio de los suyos. La pequeña parroquia fue atendida primero por los benedictinos, según una historia de la Iglesia en Chicago escrita en 1920, hasta que la archidiócesis asumió la titularidad, con el cambio de siglo y, mientras los suburbios se multiplicaban, quedó completada en 1917 con un edificio que albergaba el templo y un colegio. Aunque abandonado, el complejo ha llegado hasta nuestros días, resguardado en un extremo de la ciudad de Chicago, cuyo límite se encuentra a unos pasos, tanto al sur como al oeste.

La primera orden que se encargó de la escuela fue la de unas religiosas llamadas Damas Pobres de Jesucristo, y más tarde lo hicieron las Hermanas de la Caridad Cristiana. También aquí se repite el microcosmos de la Iglesia norteamericana de la época: un colegio católico ejemplar, promovido por los fieles y dirigido por monjas dedicadas a la enseñanza.

Y Chicago no dejaba de crecer. Aunque Dolton y el extremo sur de la ciudad seguían industrializados, durante la oleada de edificación de los suburbios posterior a la Segunda Guerra Mundial también fueron transformándose en zonas residenciales. La Asunción volvía a quedarse obsoleta, y la parroquia levantó un templo exento entre la avenida S Leyden y la calle E 138, que se terminó de construir en 1957, dos años después del nacimiento de Robert Prevost, futuro papa León XIV.

Como muchos niños católicos de Dolton y Riverdale, y de todo el país, Robert fue monaguillo y cantó en el coro, pero no por una especie de imposición paterna incómoda: desde su infancia, el menor de los hermanos había mostrado un interés sincero por la fe de su familia y por el sacerdocio. Asistía a la Misa con devoción y jugaba en casa a recrearla, demostrando un amor por la liturgia que, sin duda, pervive hasta hoy. Para sus hermanos era evidente que se ordenaría sacerdote. «En el barrio nadie más jugaba a los curas, pero Robert sí. Y nuestros padres apoyaron su deseo en esta materia», contó Louis a la revista *People*, añadiendo, en una entrevista con CBS

News, que «en la familia supimos enseguida que Rob tenía algo especial. [...] Mientras yo estaba en la calle jugando a cosas de chicos, como al béisbol, a policías y ladrones, con la linterna o a lo que fuese, a Rob le gustaba imaginar que era sacerdote». El pequeño Robert, en esa representación, fingía celebrar la Misa con galletas Necco sobre una tabla de planchar. También los vecinos estaban convencidos de que algún día se ordenaría, e incluso bromeaban con que «Bob» llegaría a ser papa. No por eso dejaba de ser un joven activo, que jugaba al béisbol y era un fanático —de por vida, como se ha demostrado— de los Chicago White Sox.

La parroquia de La Asunción, sin embargo, no sobreviviría para ver ese futuro tan llamativo; la expansión de los suburbios conllevó un adelgazamiento de la feligresía, y las transformaciones sociales obstaculizaron la persistencia de las comunidades católicas homogéneas, al tiempo que la práctica religiosa iba disminuyendo en un mundo cada vez más materialista y secularizado. El joven Robert también viviría en persona los cambios del Concilio Vaticano II (1962-1965), con su transformación abrupta de la liturgia y la estética. En todo caso, la Misa del papa Pablo VI, a la que hoy se conoce como *novus ordo* o forma ordinaria, no se promulgó hasta 1969, de tal modo que en la escuela primaria aún no la conocería. De hecho, la instauración coincidiría con su entrada en el seminario menor.

Casi dos décadas antes de que el futuro León XIV se graduase en el colegio, su parroquia entró en decadencia, y acabaría fusionándose con otras, hasta la celebración de la última Misa, en 2011, en la iglesia que había alimentado la fe precoz de Robert Prevost. Hoy en día, el templo de 1957 se mantiene aún en pie, pero abandonado en medio de un aparcamiento salpicado de hierbajos.

CRUCE DE CULTURAS

En las décadas de los cincuenta y los sesenta, Louis y Mildred Prevost educaron a sus hijos en una comunidad cuyo centro se encontraba en ese edificio, y en la Iglesia católica en general. La idea de que Santa María de la Asunción pudiese quedar abandonada entre malas hierbas habría sonado absurda.

En sí, la familia Prevost es un microcosmos de Norteamérica, con sus raíces francesas, españolas, italianas y creole negras. Desde sus orígenes, León fue a un tiempo hondamente estadounidense y del todo internacional, mientras que, en su niñez, el robusto catolicismo del hogar de los Prevost solo sorprendía por su cotidianidad.

Louis Marius Prevost nació en Chicago en 1920, hijo de Salvatore Giovanni Gaetano Riggitano (más tarde, John Riggitano Prevost), siciliano, y de Suzanne Fontaine, originaria de la ciudad septentrional francesa de El Havre, quienes tuvieron otros dos hijos. El primero sería John Centi, el segundo, Louis Marius, y la tercera, Suzanne, que se consagraría como terciaria carmelita. En francés, el apellido familiar se pronunciaba «pre-voh», pero en Chicago se transformaría, hasta hoy, en «prii-vohst».

Louis estuvo destinado en la armada durante la Segunda Guerra Mundial y, según el Departamento de Defensa, «en noviembre de 1943 fue designado para comandar un barco de operaciones anfibias que intervendría en el desembarco de Normandía del Día D, el 6 de junio de 1944, en la operación Overlord. También estuvo al frente de una barcaza de transporte de infantería, de las que emplearon los aliados durante la guerra para desembarcar soldados y marines». Más tarde fue destacado en el sur de Francia, en la operación Anvil/Dragoon de 1944. «Prevost pasó quince meses en el extranjero y alcanzó el rango de teniente de segunda antes del fin de la guerra en Europa, el 8 de mayo de 1945»[8]. Justo ochenta años después, su hijo sería elegido papa.

Tras la conclusión del conflicto, la vocación de Louis, como la de su esposa, sería la enseñanza, y ocuparía puestos directivos en varias escuelas públicas del South Side de Chicago y en el colegio Monte Carmelo, en el suburbio de Chicago Heights, además de participar de forma activa en la sección local de la asociación Altar and Rose, y formar parte de la Confraternidad de la Doctrina Cristiana, compuesta por profesores de religión. Murió en 1997 siendo vecino de Homewood, una zona residencial no muy alejada de la original de la familia, en Dolton.

Louis se casó el 25 de enero de 1949 con Mildred Agnes Martínez, hija de Joseph Martínez y de Louis Baquié. Joseph había nacido en La Española —según algunos documentos, en Haití, o quizá en la República Dominicana—, mientras que Louise era negra creole, una amalgama de francesa de Louisiana, caribeña (negra e hispana) y afroamericana descendiente de esclavos. Mildred nació en Chicago en 1911, pero sus raíces estaban en el Seventh Ward de Nueva Orleans, un área al norte del barrio francés que el *New York Times* describía como «tradicionalmente católico, el cruce de culturas de África, el Caribe y Europa»[9]. La familia Martínez era católica devota, y dos de las hermanas de Mildred profesaron como religiosas. Tras graduarse en la escuela de la Inmaculada en 1929, asistió a la Universidad DePaul, un centro vicenciano en Chicago, donde obtuvo la licenciatura en Biblioteconomía, un logro infrecuente para una mujer en aquellos años.

Como bibliotecaria, trabajó en el cercano instituto Mendel mientras pasaba innumerables horas en la parroquia de La Asunción, asistiendo a Misa a diario, participando en sus comités, remendando los lienzos sagrados, recaudando fondos y cantando en el coro. Según el *Times*, Mildred —o Millie para sus amigos— fue una «cantante competente», que interpretaba asiduamente la famosa versión de Schubert del *Ave María*[10].

La familia Prevost, y en especial Mildred, eran sin duda una de las «primeras familias» de su parroquia, cuya presencia en Misa podía darse por supuesta, y contribuirían en lo necesario para el bien de esa institución y de la Iglesia. Era habitual que recibiesen en su casa a sacerdotes, donde disfrutaban de la cocina y se sentían bien acogidos. «Ella era una de esas personas a quienes, al conocerlas, sientes la presencia de Dios», contó al *Times* el obispo Daniel Turley, que lo fue de Chulucanas, Perú, donde estuvo destinado León en los ochenta. Mildred murió de cáncer en 1990.

AGUSTÍN EN EL LAGO

En 1885, un hombre llamado Dorr Eugene Felt inventó una de las primeras calculadoras de mano, llamada contómetro, cuyas ganancias, sin que pudiese sospecharlo, beneficiarían casi un siglo después a otro matemático vocacional: Robert Francis Prevost. Felt y su esposa Agnes acabaron construyéndose una mansión inmensa en un terreno cercano al lago Michigan, a las afueras de Holland, en el estado del mismo nombre. El proyecto concluyó en 1928, pero apenas vivieron en ella antes de que ambos murieran: Agnes seis semanas después de la mudanza, y Dorr un año y medio más tarde. Legaron la mansión a sus cuatro hijas, que se despreocuparon de ella, y acabaron vendiéndola a la provincia de Nuestra Madre del Buen Consejo, la sección agustiniana con sede en Chicago.

La mansión Felt y sus bellos alrededores se transformaron en el seminario y colegio provincial de los agustinos, con el nombre de su fundador, donde los jóvenes internos —más tarde se admitirán también externos— estudiaban el ciclo de secundaria mientras discernían su posible vocación sacerdotal en la orden. Allí comenzaría su educación superior el futuro León XIV en 1969, el mismo año en el que el papa Pablo VI promulgó la reforma litúrgica de la Misa.

León brilló en las aulas del San Agustín, y alcanzó el segundo puesto en una competición nacional por el anuario de la escuela. El 9 de octubre de 1972, el *Holland Evening Sentinel* recogía esta noticia, bajo el titular: «Robert Prevost obtiene una condecoración»:

Robert Prevost, estudiante del seminario San Agustín, ha sido premiado con una carta de recomendación que reconoce sus méritos en la edición de 1971 de los exámenes de aptitud nacionales, según el director, el rev. Jon Peck,

OSA. Es hijo de los señores Louis M. Prevost y señora, de Dolton (Illinois).

Provost [*sic*] ha aparecido de forma habitual en el cuadro de honor del centro, y entre sus actividades se encuentra la de editor jefe del anuario, miembro de la National Honor Society, vicepresidente y antiguo secretario del Consejo Escolar, anterior presidente del Club de Lectura, del Misionero, senador del congreso de estudiantes de Lansing y delegado del último curso de la escuela.

Tiene previsto continuar con sus estudios para el sacerdocio en la orden de San Agustín, y por el momento se licenciará en Matemáticas o en Psicología en la universidad.

Al final, fueron las matemáticas; León prosiguió sus estudios en Villanova, la universidad a las afueras de Filadelfia que porta el nombre del santo agustino Tomás de Villanueva, de quien el papa luce una reliquia en la cruz pectoral. Allí fundó con unos compañeros la primera asociación provida de la Universidad, según el *New York Post*, que también la considera la pionera en el país, como un efecto de la sentencia Roe vs. Wade de 1973. No parece que León interviniese en las batallas políticas y culturales que estremecieron los campus durante las protestas estudiantiles contra la guerra de Vietnam y a favor de un giro radical en las normas internas del centro, que consideraban conservadoras y restrictivas. De lo que sí informa el *Filadelfia Inquirer* es de que mostraba una faceta más ligera: se presentó en una fiesta de Halloween disfrazado de Groucho Marx[11].

De sus años universitarios se deduce que la idea de entregarse a la Iglesia nunca le abandonó; tras graduarse en el seminario menor agustiniano, ingresó en el prenoviciado en Villanova, y no hay pruebas de que desde los 14 años se apartase del camino que había elegido —para el que había sido llamado, más bien— en el sacerdocio como agustino. También sirvió a la Iglesia como encargado del cementerio parroquial de St. Denis, a unos pocos pueblos de distancia, más allá de la adinerada Main Line de Filadelfia. Adjetivos como «humilde» y «humildad» se atribuyen con excesiva frecuencia, por ejemplo a las muestras ostentosas de servicio, en lugar de a los empeños más oscuros e invisibles. Ambas palabras proceden del latín *humus*, que significa «polvo» o «tierra», así que honrar la inmortalidad del alma atendiendo al suelo en el que yacen los difuntos casi equivale a la definición de humildad. En el trayecto entre Villanova y St. Denis, pasaría junto al famoso club de golf Merion, pero no parece que la senda de la ambición mundana le haya tentado nunca. Nada más graduarse, Robert Prevost ingresó en el noviciado de la provincia de Nuestra Madre del Buen Consejo en St. Louis (Missouri).

2.
TESTIGO DEL DECLIVE

RESULTA APROPIADO QUE el primer papa de Estados Unidos, tierra fecundada por misioneros, sea también un misionero.

Era diciembre, y hacía frío, mientras el misionero jesuita Jacques Marquette avanzaba a duras penas hacia el sur, por la orilla occidental del lago Michigan. Había prometido a los indios kaskaskia del valle del río Illinois volver a su lado, pero el tiempo empeoraba, y su salud era precaria. El padre Marquette solo tenía 37 años, aunque la actividad misionera incesante en el medio natural de Estados Unidos y Canadá le había pasado factura. Él y su grupo de misioneros no tardarían en aceptar que la promesa quedaría incumplida, al menos hasta el final del invierno, así que levantaron una cabaña en el territorio de la confederación de Illinois, entre los cursos paralelos de los ríos que los franceses llamaban Des Plaines y Chicagou, su interpretación fonética del nombre que daban los nativos a una hortaliza de la región, similar al puerro.

Ese fue el primer asentamiento europeo documentado en lo que es hoy la ciudad de Chicago.

Marquette consiguió llegar junto a los kaskaskia, pero murió en el trayecto de vuelta al otro lado del lago Michigan, sin recobrarse de la disentería que había mermado sus energías, menguadas también a causa de sus viajes. Sus restos descansan en la ciudad que fundó al norte del estrecho de Mackinac, en la península superior de Michigan, llamada St. Ignace por el fundador de los jesuitas, san Ignacio de Loyola.

La importancia geográfica de Chicago se debe a su emplazamiento en el punto más cercano entre los Grandes Lagos y el sistema fluvial del Mississippi, por el que exploradores, comerciantes y misioneros podían seguir su recorrido fluvial desplazando las barcas sobre tierra solo unos pocos kilómetros, antes de adentrarse de nuevo en los lagos o en cualquiera de los grandes ríos del continente. Por eso creció tanto la ciudad, y su primera iglesia católica, según la *Catholic Encyclopedia*, fue fundada en la calle Lake en 1833. El edificio de madera de siete metros y medio de anchura por diez de largo costó unos cuatrocientos dólares. Apenas una década después, en 1844, Roma erigió la diócesis de Chicago, que se sumaba a la de St. Louis, la primera al otro lado de los Apalaches. En 1880 se convirtió en archidiócesis bajo el mando del arzobispo Patrick Feehan, el mismo prelado que seis años más tarde autorizaría la creación de la parroquia de Santa María en Riverdale, mostrando el auge imparable tanto de la ciudad como de su comunidad católica. En poco más de cincuenta años, se había pasado de una minúscula iglesia de madera a una archidiócesis extensa, que iba edificando templos en un radio de veinte kilómetros desde el centro urbano.

Un siglo más tarde, en cambio, entraría en retroceso y, para finales del xx, la archidiócesis estaba cerrando y fusionando parroquias en áreas del Chicago urbano y suburbano, que unas generaciones antes habían pasado de ser territorio de misión a auténticos enjambres católicos. El relato es conocido para los creyentes en todo Occidente, y suena aún más familiar en su intensidad para los habitantes católicos de ciudades del Noreste y el Medio Oeste americano como Saint Louis, Boston y Baltimore. El papa León XIV vivió la transición del crecimiento y la exuberancia hasta el declive y el desfallecimiento, perceptibles hoy en todos los escenarios que alimentaron su fe.

Decadencia y caída

A mediados de los cincuenta, Santa María de la Asunción crecía tan deprisa en el vecindario de Riverdale de Chicago que se encargó un nuevo templo, más amplio, para albergar a los fieles y para liberar espacio en la escuela. Una generación más tarde, en los ochenta, su decadencia era terminal, y en 2011 se cerró. En 2025 ya había quedado en el olvido, hasta el 8 de mayo, cuando ocupó el centro del interés internacional.

La historia es conocida para cualquier católico norteamericano, y sobre todo para los de las grandes ciudades del auge industrial, donde se asentaron más inmigrantes de esa confesión. En Riverdale los pioneros fueron los alemanes católicos, alrededor de 1880, y el ímpetu urbanizador de la década de 1950 atrajo a una nueva oleada de residentes hacia las afueras de Chicago. Era la época en la que se diría que la cultura católica era perenne, cuando las familias numerosas enviaban a sus hijos a colegios católicos, casi siempre a pie, ya que las parroquias eran instituciones en verdad cercanas, cuando los establecimientos solo servían pescado los viernes y cerraban durante los festivos, cuando el catolicismo, sus hábitos, sus prácticas y sus creencias se daban por supuestos, y cuando la parroquia constituía el corazón de la vida comunitaria no solo para la celebración dominical, sino para la educación, la socialización y la caridad.

La situación era, sin embargo, efímera, y no perduraría ni una generación. Robert Prevost fue monaguillo y miembro del coro cuando todo parecía asegurado, pero, para su ordenación sacerdotal, en 1982, la parroquia ya languidecía, y nunca volvería a brillar. Los motivos son variados, y tienen que ver con factores sociales, políticos, económicos, geográficos y culturales, casi tanto como con los eclesiásticos. El Concilio Vaticano II coincidió con muchos de estos cambios, e interactuó con ellos de un modo complejo. Para algunos fieles de a pie, la transformación de la experiencia eclesial, desde la educativa a la jerárquica o litúrgica, fue refrescante; para otros, decepcionante y desestabilizadora.

Como escribe Jonathan Liedl en un artículo del *National Catholic Register* titulado "De vista en el Chicago del papa León XIV: cómo el South Side formó al primer pontífice norteamericano", «a causa de los cambios demográficos de la zona, los católicos blancos étnicos se trasladaron al interior de los suburbios, y la pertenencia a la densa red de parroquias del South Side, construidas para atender a la población católica, empezó a disminuir, mientras las deudas se acumulaban. Santa María de la Asunción, la parroquia de la niñez del papa y antaño centro radiante de la actividad católica, aparece hoy destartalada y abandonada. El techo está agujereado, y los grafiti recubren las paredes del santuario»[12].

En Estados Unidos, no obstante, la clave es que sucedió todo al mismo tiempo, especialmente en lugares como Dolton y Riverdale, y que el papa León XIV fue testigo de ello. La propuesta de la Iglesia para el mundo dejó de tener eco, y ni siquiera se tomaba en serio. La cultura católica se disipó, o quedó reducida a mera cultura, con su núcleo espiritual desvanecido. Como lo expresaría el agustiniano León, una vez arrinconada la persona de Jesucristo, el resultado fue «un estado de ateísmo práctico».

CRISTO ES LA RESPUESTA

Esta decadencia ha afectado también al seminario menor en el que estudió León, el San Agustín, en la orilla oriental del lago Michigan. Su instituto, ideado para preparar a los candidatos a la formación plena para el sacerdocio mientras recibían una educación integral, compró los terrenos en 1949. León asistió a sus clases entre 1969 y 1973, y en 1977 se clausuró para siempre. Durante los siguientes catorce años, la propiedad de la mansión Felt pasó a manos del departamento de Prisiones de Michigan, y hoy es un parque.

¿Por qué los adolescentes ya no consideran la etapa del instituto un periodo de discernimiento, en un entorno similar al de un seminario? Y, lo que quizá importa más,

¿por qué los padres ya no animan a sus hijos a que valoren esa opción? ¿Por qué el camino que tomó Robert Prevost —y el apoyo que recibió de su familia— se han vuelto tan poco corrientes que gran parte de los centros católicos de formación y vida no han tenido más remedio que cerrar?

Son cuestiones que la Iglesia trata de resolver desde hace décadas, sobre todo en Estados Unidos, y también forman parte de la experiencia personal de León XIV. Sería fácil culpar del hundimiento de estas instituciones, y de la sensibilidad católica que las respaldaba, al Concilio Vaticano II, a su aplicación o a su recepción, pero es evidente que León no ha escogido este enfoque, como se deduce de sus observaciones en el primer discurso ante el Colegio de Cardenales:

Quisiera que renováramos juntos, hoy, nuestra plena adhesión a ese camino, a la vía que desde hace ya decenios la Iglesia universal está recorriendo tras las huellas del Concilio Vaticano II. El papa Francisco ha recordado y actualizado magistralmente su contenido en la exhortación apostólica *Evangelii gaudium*, de la que me gustaría destacar algunas notas fundamentales: el regreso al primado de Cristo en el anuncio; la conversión misionera de toda la comunidad cristiana; el crecimiento en la colegialidad y la sinodalidad; la atención al *sensus fidei*, especialmente en sus formas más propias e inclusivas, como la piedad popular; el cuidado amoroso de los débiles y descartados; el diálogo valiente y confiado con el mundo contemporáneo en sus diferentes componentes y realidades.

Se trata de los principios del Evangelio que animan e inspiran, desde siempre, la vida y la obra de la familia de Dios; de los valores a través de los cuales el rostro misericordioso del Padre se ha revelado y continúa revelándose en el Hijo hecho hombre, esperanza última de todos los que busquen con ánimo sincero la verdad, la justicia, la paz y la fraternidad[13].

No es un llamamiento radical a la transformación, sino el asentimiento confiado a que la Iglesia conformada por el Vaticano II tiene en sí los recursos para afrontar esos retos. De un modo particular, como ha hecho siempre, León centra su atención, y la nuestra, en la persona de Jesucristo, el Hijo de Dios, sin el que no cabe esperanza o progreso auténticos. En 2023, poco después de ser creado cardenal por el papa Francisco, León ofreció una entrevista con un medio de la orden agustina, en la que trató los mismos temas, retornando siempre a Cristo:

> En primer lugar, nuestra prioridad no puede ser la búsqueda de vocaciones. Nuestra prioridad ha de ser vivir la buena noticia, vivir el Evangelio, compartir el entusiasmo que nacerá en nuestro corazón y en nuestra vida si descubrimos de verdad quién es Jesucristo. Cuando comenzamos a caminar con Cristo, en comunión mutua, en esa amistad con el Señor, comprendiendo la maravilla de haber recibido ese don, es cuando llegan las vocaciones[14].

El desafío, por tanto, no es ni técnico ni estratégico; no se trata de que la Iglesia emplee mejor las redes sociales o de que contrate a consultores para que diseñen un programa que anime a jóvenes de ambos sexos a seguir su vocación religiosa. Se trata de dar testimonio de una vida de amor a Cristo, que a su vez reflejará el amor de Cristo en otros, que a su vez los atraerá hacia Él. Y eso suscitará el interés en seguir la llamada de Dios a caminar con Él de un modo concreto, como sacerdote o religiosa.

O TODO, O NADA

En el trasfondo católico norteamericano del papa León XIV se entrevé la historia de la Iglesia en gran parte del país condensada en un microcosmos. Aparecen los años de confianza y esplendor, cuando el atractivo del secularismo materialista parecía claro, pero el declive resultaba inimaginable. Después hubo un periodo de transición, con el decaer ya iniciado —en 1977 se clausuró el seminario menor de San Agustín—, cuando muchos pensaron que la solución consistía en parecerse más al mundo, y no en distinguirse de este. Y, al fin, el hundimiento definitivo de la infraestructura espiritual que había sostenido a tantas personas durante tanto tiempo.

Esto no significa que la Iglesia atraviese las mismas estrecheces en toda Norteamérica. El porcentaje de católicos ha permanecido más o menos estable gracias a la inmigración desde culturas de esta fe, sobre todo de Latinoamérica, y en determinadas regiones esas comunidades son pujantes, sin los altibajos del Noreste y el Medio Oeste: las parroquias crecen en número, y están atestadas.

Aun así, cabe preguntarse: ¿tendrán el mismo destino que La Asunción de Chicago? Después de un periodo de expansión, ¿también se estancarán y acabarán por decaer, cuando se modifiquen los patrones de la migración y se sucedan los cambios generacionales? Los datos iniciales son descorazonadores: la segunda generación de inmigrantes católicos de Estados Unidos no va a Misa tanto como sus padres. Las parroquias ubicadas a las afueras de Dallas, por ejemplo, ¿estarán obsoletas en unas décadas?

Por eso las preguntas acerca de la educación católica de León en Chicago no son un mero análisis, sino que urge discernir cómo la Iglesia puede responder al momento actual, en el país de nacimiento del papa y en todo el mundo. En esa misma entrevista con el medio de los agustinos, el entonces cardenal Prevost describía el reto:

> La misión de la Iglesia lleva siendo la misma 2000 años, desde que Jesucristo dijo: «Id, pues, y haced discípulos a todas las gentes bautizándolas en el nombre del Padre y del Hijo y del Espíritu Santo, y enseñándoles a guardar todo lo que yo os he mandado» (Mt 28, 19). Hemos de anunciar la buena noticia del Reino de Dios, entendiendo a la vez qué es la Iglesia en su realidad universal. [...] Hay culturas muy diversas, distintos idiomas, diferentes circunstancias a las que responde la Iglesia en todo el mundo, así que, al enumerar las prioridades y sopesar los retos que se nos presentan, debemos reparar en que las urgencias de Italia, España, Estados Unidos, Perú o China no serán casi con seguridad las mismas, excepto en una cuestión: la de la invitación subyacente de Cristo a predicar el Evangelio, que es idéntica en todas partes.

«Es idéntica en todas partes». Retomamos de nuevo el blasón agustiniano, *In illo unum uno*, en el único, somos uno. Solo encontrándonos con Jesucristo —no el líder humano carismático, sino el Hijo de Dios— podemos compartir un propósito común, mientras los miembros del Cuerpo de Cristo entrelazan los brazos en su camino hacia el paraíso.

En un análisis detallado, eso es lo que falta cuando una comunidad y una cultura católicas se desintegran: la convicción de que somos uno en Cristo, y por tanto podemos dejar de lado las prioridades individuales para afanarnos juntos, cada uno de la manera y en la medida que le son propias, en la viña del Señor. Si anhelamos la fama, la seguridad o las riquezas humanas más de lo que deseamos estar con Jesús, entonces la unión será impensable. Todo aquello que apreciamos —nuestras parroquias, colegios y comunidades— se disgregarán, porque habremos decidido que hay asuntos más cruciales.

Quienes fundaron, en cierto sentido, la ciudad de Chicago, habían asumido que nada era más importante que Cristo y, en particular, llevarlo a quienes aún no lo conocían. León podría decir con razón que la cultura católica de la ciudad empezó a desaparecer en cuanto las personas perdieron el celo por Jesús y, por tanto, se perdieron las unas a las otras. Es una intuición profundamente agustiniana. Y fue a través de esta Orden como el papa León XIV alcanzó la plena madurez en la Iglesia.

3.
HIJO DE AGUSTÍN

En la iglesia conocida como San Agustín la Antigua, en Filadelfia, están inscritas estas palabras retadoras: «Fundada en 1798. Destruida en 1844. Reconstruida en 1847. Consagrada en 1848».

Un día primaveral en Filadelfia, 181 años antes de la elección de León XVI, las multitudes estaban inquietas. Hacía cinco días que una reunión tumultuosa de nativistas, que se oponían a la multiplicación de las comunidades de inmigrantes en la ciudad, había sido disuelta por manifestantes irlandeses católicos, y el 6 de mayo, nativistas e inmigrantes de esa nacionalidad se enfrentaron en las calles. Aunque los primeros, que acabarían fundando el partido apodado «Know Nothing», estaban indignados por la presencia de extranjeros en general, eran los católicos irlandeses quienes más los enfurecían, sobre todo por uno en particular: el papa. Durante los incidentes violentos de mayo de 1844, los nativistas no dejaron de alertar a la población de Filadelfia de que el pontífice conspiraba para tomar Estados Unidos, y distribuyeron panfletos en los que se hablaba de la «mano ensangrentada del papa». Por extraño que parezca, todo comenzó con una traducción de la Biblia. En aquella época, en los colegios públicos de la ciudad solo podía emplearse la versión del Rey Jacobo, pero en 1842 la diócesis católica había crecido tanto y era tan poderosa que el obispo Francis Kenrick, nacido en Irlanda y en ejercicio entre 1842 y 1851, puso algunos reparos: ¿Por qué los alumnos católicos no podían recurrir a su versión aprobada, la Douay-Rheims, y en cambio se les imponía una traducción protestante?

Cuando un representante elegido por los votos católicos propuso interrumpir la lectura de la Biblia en los colegios mientras se apaciguaba la discusión, todo se precipitó. Para el 8 de mayo, los nativistas ya habían escogido algunos edificios católicos, y estaban dispuestos a actuar. Primero fue St. Michael, una parroquia que sigue hoy activa —aunque reconstruida—, en la esquina entre las calles Segunda y Jefferson, en lo que se conoce en la actualidad como el Viejo Kensington. A continuación, sería el turno del seminario de las Hermanas de la Caridad, a dos manzanas, absorbido hoy por el distrito financiero.

Las masas tendrían que desplazarse un par de kilómetros para atacar el siguiente blanco: la iglesia de San Agustín, cerca del centro, y la primera parroquia de la orden de los agustinos en Estados Unidos. Guardias armados a sueldo de la municipalidad, con el propio alcalde en cabeza, los esperaban, pero no pudieron contener a los alborotadores, que apedrearon a los vigilantes —alcalde incluido— e incendiaron el edificio. Así pues, para los nativistas, lo que ocurriría 181 años después habría sido su peor pesadilla: no solo un papa, sino uno agustino, de Estados Unidos.

AGUSTINO PARA SIEMPRE

El papa León XIV ha dedicado a la Orden agustina, y a su espiritualidad, los últimos 55 años de su vida, y por eso, al presentarse en la logia de la basílica de San Pedro minutos después de su elección, dijo ser «un hijo de san Agustín, un agustino». Estas palabras eran el reflejo de muchas otras, pronunciadas durante años, como las de 2024 del entonces cardenal en su Illinois natal, en la iglesia de St. Jude, que comenzaron así: «Soy un agustino. [...] Tengo una enorme deuda personal con la Orden de San Agustín, con el mismo san Agustín, con su filosofía, su teología, su pensamiento y su humanidad; con ese gran amor que tuvo por la Palabra de Dios, con su interminable búsqueda de la verdad, de sí mismo, y de Dios en sí, y con todo lo que Agustín enseñó acerca de la comunión y la comunidad, y que han marcado mi vida»[15].

Es indudable que esa orden ha formado parte de su vida desde la infancia, con la influencia en sus años de formación de los sacerdotes agustinos, una presencia constante en el sur de Chicago; se dice que era tal la devoción de aquel niño que varias órdenes religiosas asentadas en la zona trataron de reclutarlo, pero, para León, Agustín fue el único.

Tras responder a la llamada al sacerdocio, en el seno de los agustinos, y después de cursar con ellos la secundaria y la universidad, Robert Prevost se incorporó de inmediato al noviciado de la provincia noroccidental de la Orden, que toma el nombre de la advocación maravillosa de Nuestra Señora del Buen Consejo. Así, el joven de 22 años se trasladó a Saint Louis, a la majestuosa iglesia de la Inmaculada Concepción, una obra maestra de inspiración gótica que podría confundirse con una catedral: el estudio que la diseñó fue el mismo que firmó la basílica de la ciudad. No obstante, como tantas de las instituciones de las que bebió la fe de León, hoy está en desuso.

Robert Prevost pasó un año en Saint Louis, y los feligreses recuerdan su devoción, amabilidad y carácter contemplativo. «El chico era una estrella del rock», contó un amigo de esos años al *St. Louis Post-Dispatch*. «Ya entonces se veía que estaba destinado a algo grande». Y más: «Es un tipo americano como los demás. No se da aires»[16].

Un año y un día después de entrar en el noviciado, el 2 de septiembre de 1978, Robert Prevost pronunció sus primeros votos al Señor como miembro de la Orden Agustiniana en la iglesia provincial, Santa Rita de Casia, en su ciudad natal de Chicago. Dos años más tarde tomó los votos solemnes y, hasta entonces, completó la licenciatura en Teología en la Catholic Theological Union de Hyde Park, en el South Side de Chicago, mientras enseñaba Física y Matemáticas en el instituto de Santa Rita de Casia, dando uso a la licenciatura en Matemáticas obtenida en Villanova. El 29 de agosto de 1981 hizo los votos solemnes.

Una vez demostrada su valía intelectual, la Orden lo envió a Roma para completar sus estudios en la Universidad Pontifica de Santo Tomás de Aquino, el Angelicum, llamado así por el sobrenombre del «Doctor Angélico».

La Orden le indicó que debía estudiar Derecho Canónico con los dominicos y, después de licenciarse, obtuvo el permiso para continuar con el doctorado. En 1987 terminó y defendió su tesis, titulada «El oficio y la autoridad del prior local en la Orden de San Agustín», cuyo estudio de esta figura mostraba el interés por la vida comunitaria y la buena gobernanza.

Fue ordenado sacerdote en Roma, en el Colegio Agustiniano de Santa Mónica el 19 de junio de 1982, por el arzobispo Jean Jadot, antiguo delegado apostólico de la Santa Sede en Estados Unidos, y propresidente entonces del Secretariado para los No Cristianos, que más tarde se convertiría en el Consejo Pontificio para el Diálogo Interreligioso y, finalmente, en el Dicasterio del mismo nombre.

Tres años después, tras concluir la licenciatura e iniciar el doctorado, recibió su primera encomienda misionera en el norte de Perú. En otra muestra de la alta consideración en que lo tenían los dirigentes de la Orden, Robert Prevost regresó a Chicago en 1987, con tan solo 31 años, para ejercer como director de vocaciones y misiones en esa provincia. Tras una década de ministerio en Perú fue elegido prior provincial en 1998, cargo que ocupó durante tres años, antes de ser promovido de nuevo, esta vez como prior general de la Orden de San Agustín en todo el mundo.

Regla de vida

La Orden de San Agustín hunde sus raíces en el gran santo y doctor de la Iglesia, obispo de Hipona del siglo v y uno de los mayores escritores e intelectuales de la historia universal; sin embargo, no está claro que fuese san Agustín en persona quien fundase la Orden, viviendo una regla de vida particular junto con sus compañeros. Lo que sí es evidente es que, en el siglo XIII, varias comunidades de eremitas estaban asentadas en el norte de Italia, y vivían según el modelo de la regla de san Agustín, con su énfasis en la unidad en Cristo:

> Ante todo, queridos hermanos, amemos a Dios; después, también al prójimo, porque éstos son los mandatos principales que se nos han dado (1).
>
> Lo primero por lo que os habéis congregado en la comunidad es para que habitéis unánimes en la casa, y tengáis una sola alma y un solo corazón dirigidos hacia Dios (3).
>
> Así, pues, vivid todos en unanimidad y concordia; y honrad los unos en los otros a Dios, de quien habéis sido hechos templos (9).
>
> No sea llamativo vuestro porte, ni procuréis agradar con el modo de vestir, sino con la manera de comportaros. Cuando salgáis, id juntos; cuando lleguéis a donde os dirigís, permaneced juntos. Al andar, al estar parados y en todos vuestros movimientos, no hagáis nada que escandalice a la mirada de otra persona, sino lo que se ajusta a vuestra santidad (19-21).

Esos grupos eremíticos —cuyo monaquismo no implica vivir en aislamiento completo, sino que pone el acento en la reclusión individual, con ciertos aspectos de vida comunitaria— estaban compuestos sobre todo por laicos que habían sentido la inspiración de vivir según la regla de san Agustín. En parte, también habían recibido la influencia del movimiento mendicante de la época, encarnado en franciscanos y dominicos, que trataban de instilar en el mundo las grandes tradiciones de la vida comunitaria, centrándose en la predicación itinerante y el estudio. Cada uno de los eremitorios de inspiración agustiniana, sin embargo, se organizaba a su manera, lo que suscitaba dudas sobre su organización y autoridad. Durante el siglo XIII, distintos papas reorganizaron las comunidades dispersas en una sola orden, bajo la denominación de *Ordo eremitarum sancti Augustini*, Orden de los Ermitaños de San Agustín. El mérito más específico, sin embargo, debe atribuirse al papa Inocencio IV, quien a finales del 1243 promulgó la bula *Incumbit nobis*, por la que impulsó a los ermitaños a abrazar «la regla y el modo de vida del bienaventurado Agustín» (el término de «ermitaños» no se eliminaría hasta 1968, una década antes de que Robert Prevost comenzase el noviciado). En el siglo XVI, el papa san Pío V encuadró oficialmente a los agustinos junto a las demás órdenes mendicantes.

Para entonces —en realidad, ya había ocurrido hacia el 1300— los agustinos eran conocidos por su afán misionero y, durante la era de los descubrimientos, muchos de los exploradores y conquistadores más afamados, como Vasco da Gama y Hernán Cortes, fueron acompañados, o lo hicieron poco después, por misioneros agustinos. Esta labor se basaba, sobre todo, en la importancia que dio Agustín a la educación y a la unidad humana en Jesucristo y por Él.

Cinco reliquias y una cruz pectoral

No es posible entender al papa León XIV sin hacerlo antes con su espiritualidad agustina, de la que puede captarse un detalle pequeño, pero significativo, considerando el regalo que le entregó la Orden cuando fue creado cardenal por el papa Francisco en 2023: una cruz pectoral de oro con cinco reliquias. Se trata de un emblema que portan habitualmente obispos, abades, arzobispos y cardenales como símbolo de su autoridad y de la cercanía de Cristo crucificado a su corazón. En este caso, el presente contenía las reliquias de cinco santos muy relacionados con su orden, y el papa León XIV se colocó esa cruz el mismo día de su elección, cuando apareció en la logia de la basílica de San Pedro. Son san Agustín, santa Mónica, santo Tomás de Villanueva, el beato Anselmo Polanco y el venerable José Bartolomé Menochio.

† SAN AGUSTÍN

El hombre. San Agustín nació en el 354 en la actual Argelia, y contó la historia de su vida, y su conversión drástica, en las *Confesiones*, la primera autobiografía del canon literario occidental, que se inicia con una de las expresiones de devoción más famosas jamás redactadas:

> Grande eres, Señor, y muy digno de alabanza; grande tu poder, y tu sabiduría no tiene medida. [...] Tú mismo nos mueves a alabarte, porque nos has hecho para ti y nuestro corazón está inquieto hasta que descanse en ti.

Demasiado bien conocía Agustín esa inquietud. Mientras su madre, conocida más tarde como santa Mónica, era una cristiana fiel, el joven Agustín se ufanaba en el pecado, desde la célebre transgresión del robo de peras, solo porque podía hacerlo, hasta la convivencia con una amante, a sabiendas de que incumplía la ley de Dios, y que provocó un enorme sufrimiento a su madre. Más adelante, sacaría partido a sus grandes talentos como profesor de retórica, y así entró en contacto con otro doctor de la Iglesia, san Ambrosio, obispo de Milán. La amistad evolucionó hasta convertirse en un pupilaje intelectual y espiritual, que culminó con el bautismo de Agustín a los 32 años. La muerte de su madre y de su hijo lo dejaron solo, y entonces vendió los considerables bienes de su familia para entregar el dinero a los pobres. Por sus habilidades oratorias fue nombrado obispo de Hippo Regius, en el noreste de la actual Argelia, en contra de su voluntad. Allí sirvió a su grey, al tiempo que escribía y pronunciaba una cantidad ingente de palabras, por el pueblo de Dios y para él. Sus miles de sermones, junto con documentos fundamentales como las *Confesiones* y *La ciudad de Dios*, constituyen una de las cumbres intelectuales de la historia de la humanidad, y también una de las fuentes más abundantes de sabiduría para los cristianos de todos los tiempos. Murió en el 430, a los 75 años, cuando los vándalos arrianos asediaban su ciudad.

† SANTA MÓNICA

Si la predicación, el genio y la santidad de san Ambrosio acercaron a san Agustín a la fe cristiana, fueron las oraciones de su madre, y el amor a pesar del sufrimiento, los que acarrearon el mayor peso. Había nacido a comienzos de la década del 330, y se casó con un pagano llamado Patricio. Sobrevivieron tres de los hijos del matrimonio, pero su padre no permitió que fuesen bautizados, lo que acrecentó el sufrimiento que le causaba la conducta disipada de Agustín de joven, ya que sabía que le faltaba la gracia de Dios, y que su alma peligraba.

Así pues, oró y lloró por su hijo todas las noches, sin desesperar, confiando en la bondad de Dios y en su poder para atraer de nuevo a casa a su hijo. Y eso fue lo que ocurrió. Mónica murió pocos meses después de que san Ambrosio bautizase al hijo retornado en la fe que ella tanto cultivó. En una frase, también célebre, confesó a Agustín que «una sola cosa había por la que deseaba detenerme un poco en esta vida, y era verte cristiano católico antes de morir, y con abundancia me lo ha concedido mi Dios» (*Confesiones*, libro IX).

† *SANTO TOMÁS DE VILLANUEVA*

Si san Agustín y santa Mónica inspiraron a los agustinos, santo Tomás de Villanueva fue uno de ellos. Nació en una familia modesta, pero generosa, en 1488 en la España central. Predicador elocuente, se incorporó a los agustinos en 1516, antes de ordenarse, dos años después. La eficacia de sus discursos era tan profunda y tan celebrada que el sacro emperador romano Carlos V, que dirigía uno de los imperios más inabarcables de la historia en Europa —desde España hasta los Países Bajos, pasando por Austria y las Américas— lo llevó consigo a la corte.

Sin embargo, lo más destacado de santo Tomás no fueron sus palabras, sino sus actos. En 1544 fue nombrado arzobispo de Valencia, y se dice que, antes de su entrada en la ciudad, le ofrecieron un presente de cuatro mil monedas de plata, ante el que replicó: «Los pobres lo necesitan más. ¿Qué lujos y comodidades podría desear un simple fraile como yo?».

El palacio arzobispal se convirtió en un centro de peregrinación para los necesitados, a quienes él mismo se aseguraba de que les entregasen lo preciso, pero también se empeñó en atajar las condiciones que provocaban su pobreza. Escribió que «la caridad no está en dar, sino en quitar la necesidad a quienes reciben esa caridad, y si es posible, en liberarlos de ella». Después de una década de servicio material y espiritual al pueblo de Valencia, santo Tomás murió en 1555.

† BEATO ANSELMO POLANCO

El beato Anselmo Polanco, obispo de Teruel y Albarracín, en el noreste español, fue uno de los noventa y nueve agustinos martirizados durante la Guerra Civil. Había nacido en 181 en el norte del país, e ingresó en la orden en su juventud. En 1932 se convirtió en prior provincial, lo que le exigía viajar por el mundo para supervisar sus actividades misioneras. Tres años más tarde fue ordenado obispo.

Entonces, en 1936, estalló la brutal Guerra Civil en España. La facción republicana de izquierdas, con el apoyo de los comunistas, trató de derrocar toda autoridad tradicional, incluyendo la espiritual: desde los reyes y terratenientes hasta los sacerdotes y monjas, pasando por los fieles ordinarios. Era frecuente que a las victorias republicanas le siguiesen las matanzas de católicos en las ciudades capturadas. Uno de los detenidos fue el beato

Anselmo, en 1938. Lo ejecutó un pelotón de fusilamiento días antes de la derrota definitiva de la República, cuando ni siquiera para los izquierdistas más fanáticos habría supuesto una amenaza. Fue beatificado por el papa san Juan Pablo II en 1995.

† *VENERABLE JOSÉ BARTOLOMÉ MENOCHIO*

Nacido en Turín en 1741, el venerable José Bartolomé Menochio tomó los votos agustinos en 1764, y participó de una tradición nacida en el siglo xv, que continúa hasta hoy: que un miembro de esa orden ejerza de sacristán papal. Sin embargo, los primeros años del siglo xix eran una época arriesgada para servir tan de cerca al papa, porque Napoleón estaba en camino. En julio de 1809, el emperador ordenó que sus tropas detuviesen a Pío VII y lo llevasen prisionero a Francia, donde el pontífice pasaría cautivo los siguientes cinco años. Los Estados Papales fueron ocupados, y sus habitantes y funcionarios tuvieron que jurar lealtad al emperador. José Bartolomé permaneció en Roma y, según el relato de publicado por los agustinos del Medio Oeste norteamericano, «se negó a prestar ese juramento a Napoleón, pese a las presiones enormes»[17]. Tras la caída del corso, en 1814, Menochio se entregó a la reconstrucción de las comunidades agustinas suprimidas por Napoleón, y murió en 1823.

UNIÓN Y COMUNIÓN

En los modelos agustinianos que el papa León ha elegido para conservar junto a su corazón, en la cruz pectoral, se descubre la llamativa pluralidad de modos de vivir ese camino espiritual, con una única línea común: la confianza absoluta en la relación con Jesucristo y con su Iglesia. En Jesús, y por Él, el intelecto de Agustín alcanzó su madurez plena, y su vida se elevó al plano de la virtud heroica y extraordinaria, así como al de la santidad; Mónica perseveró en su dolor y vio por fin cómo su hijo se incorporaba a la familia de Dios; Tomás se convirtió en un modelo de servicio que no se limitó a ejercer la caridad, sino que reformó un sistema injusto; Anselmo guio a su rebaño durante una persecución salvaje y acabó entregando su vida sin titubeos, y José Bartolomé permaneció fiel a la Iglesia a pesar de las presiones mundanas para que la abandonase. Todo ello señala otro nexo de unión entre estos santos: la perseverancia contra la mundanidad. Agustín pudo ser un retórico adinerado, Mónica pudo desentenderse de su hijo y disfrutar de la vida de una esposa de clase romana acomodada, Tomás habría llevado una existencia muelle como un obispo pasivo y desinteresado, Anselmo quizás tratase de escapar o de negociar con sus captores para salvar la vida, y José Bartolomé se habría ahorrado grandes padecimientos si se hubiese adherido a Napoleón.

Pero eso no sería santidad, nos dice León XIV. La santidad es aferrarse a Cristo y a su Iglesia siempre y en todo, sean alegrías, dificultades o sufrimientos. Como observó el escritor y especialista en patrística Mike Aquilina en una columna del *National Catholic Register* sobre el lema pontifical, «en el Cristo Uno, somos uno», concepto clave del pensamiento agustiniano, «aparece su noción del *totus Christus*, el "todo Cristo", que es la expresión con la que describe la unidad espiritual de los cristianos, miembros del Cuerpo de Cristo, cuya cabeza es Él. Para Agustín, es más que una metáfora: se trata de una imagen que describe el vínculo real y sacramental entre los cristianos dentro de la Iglesia»[18].

El papa explicaba su vocación agustina en una entrevista, concedida poco después de ser creado cardenal:

> Cuando pienso en san Agustín, en su visión y su concepción del significado de la pertenencia a la Iglesia, una de las primeras consideraciones que me viene a la mente es aquello que dice sobre que no puede uno llamarse seguidor de Cristo sin ser parte de la Iglesia. Cristo es parte de la Iglesia: es su cabeza.
>
> Así pues, quienes creen que pueden seguir a Cristo «a su manera», sin pertenecer al cuerpo, viven —por desgracia— una versión distorsionada de la auténtica experiencia. Las enseñanzas de san Agustín se aplican a cualquier aspecto de la vida, y también nos muestran cómo vivir en comunión.
>
> La unidad y la comunión son carismas esenciales de la vida de la Orden, y parte fundamental de la visión sobre qué es la Iglesia y qué significa pertenecer a ella»[19].

La espiritualidad agustiniana se enraíza, en primer lugar, en la búsqueda de la verdad, siguiendo el asombroso trayecto de Agustín hasta la conversión y el bautismo, que él mismo expresó perfectamente cuando escribió: *Fecisti nos ad te, et inquietum est cor nostrum donec resquiescat in Te.* «*Nos hiciste para ti, Señor, y nuestros corazones estarán inquietos hasta que descansen en ti*».

Aquilina añade:

La espiritualidad se centra en la búsqueda de Dios mediante la interioridad, la oración, la vida comunitaria y el servicio, siguiendo el modelo de san Agustín, que contó la historia de su conversión en las *Confesiones*. Aunque la narrativa sea personal, supone que el deseo de Dios es universal para todos los seres humanos, y se atisba tras los deseos terrenales, pero no se satisface con los objetos de aquí abajo[20].

De forma particular, también enfatiza la primacía de la amistad, don de Dios y apoyo para acercarse más a Él, según explicaba León en esa misma entrevista, en 2023:

> Distintas personas pueden engrandecer nuestra vida y, para ser sincero, como agustino, formar parte de una rica comunidad que se cimienta en la capacidad de compartir con otros lo que nos ocurre, de abrirse a los demás, ha sido uno de los grandes dones que he recibido. El don de la amistad nos devuelve al mismo Jesús, y desarrollar el talento de vivir amistades auténticas es muy hermoso. Sin duda, la amistad es uno de los dones más maravillosos que nos ha concedido Dios[21].

Esta visión agustiniana queda reflejada en el símbolo de la Orden: un corazón en llamas atravesado por una flecha sobre un libro abierto. El corazón es una imagen tradicional de Agustín para referirse al amor a Dios y al prójimo, y está herido, como en su famosa frase acerca del encuentro con la Palabra: *Vulnerasti cor meum verbo tuo*, «Atravesaste mi corazón con tu Palabra». El libro, por su parte, habla de la búsqueda del conocimiento, considerada la seña distintiva de la tradición agustiniana. Un celo evangelizador ardiente y el deseo de saber: ambos formaron parte de los años que pasó León XIV en las misiones de la Orden en Perú.

PARTE 2
PERÚ: TIERRA DE CONTRASTES

4.
PADRE ROBERTO

QUIZÁ EL PAPA SEA EL OBISPO de Roma, pero, en su corazón, León XIV siempre será primero el de Chiclayo. A los fieles de esa pequeña ciudad del norte de Perú dedicó un saludo especial, en castellano, en su primera aparición en la logia de la basílica de San Pedro la tarde del 8 de mayo de 2025:

> Y si me permiten también una palabra, un saludo a todos y en modo particular a mi querida diócesis de Chiclayo, en el Perú, donde un pueblo fiel ha acompañado a su obispo, ha compartido su fe y ha dado tanto, tanto, para seguir siendo Iglesia fiel de Jesucristo[22].

En las horas posteriores, se libró una batalla entre los editores de la Wikipedia, la enciclopedia *online* colaborativa, a cuenta de la pregunta: ¿Debería decirse del papa León XIV que es «el primer papa americano»? En Estados

Unidos, se aplica la palabra «americano» a los connacionales, pero en sentido amplio puede referirse a los nacidos en cualquier parte de las Américas. Según esa definición, Jorge Mario Bergoglio, el papa Francisco, fue el primer pontífice americano.

Los detalles del debate son tediosos, pero muestran un retal de la identidad del papa. Es un hecho, basado en sus propios comentarios, que León se considera más cercano a Perú que a Estados Unidos, y en Sudamérica ha ejercido su empeño pastoral más intenso, ya que ha vivido allí casi la mitad de su vida como sacerdote de Jesucristo.

En el fondo, no importa si se dice de él que es «el primer papa americano», porque en su identidad, lo que sí va primero son Cristo y su Iglesia. Por otra parte, es incuestionable que León XIV es el primer papa *del todo* americano, una persona de dos continentes, cuya visión de la Iglesia y de la experiencia humana de Dios ha sido informada por ambos. Puede que iniciase su obra misionera como estadounidense en Perú, pero acabó por hacerse peruano, tanto por ciudadanía como por cultura, fe y amor.

De hecho, además de Jesucristo, y de la Iglesia que fundó, es evidente que Perú es el amor de su vida.

PRIMER AÑO

La Orden ha estado en activo en Perú desde mediados del siglo XVI, como parte de su acción misionera por el mundo. En 1985 el joven padre agustino Robert Prevost llegó a Chulucanas, una ciudad no muy grande encajonada en una franja de tierra entre los Andes y el desierto de Sechura, en el norte del país. El padre Prevost se había ordenado tres años antes, y hasta entonces se había dedicado principalmente a estudiar derecho canónico —la legislación eclesiástica de la Iglesia— en el Angelicum de Roma. Quería marcharse a las misiones, pero nada de Roma ni Chicago le preparó para Chulucanas.

Esta es una región seca de Perú, excepto durante el fenómeno de El Niño, cuyas lluvias torrenciales inundan la costa pacífica. El agua que corre desde las laderas de los Andes arrastra las viviendas por miles. «Era una emergencia, y ayudó cuanto estuvo en su mano. Las casas se hundían, había grandes necesidades y él se manchó las manos de barro», recordaba el obispo Dan Turley al reportero de la revista *America* Kevin Clarke[23], hablando de su intervención en una de esas catástrofes.

Fue un encontronazo con la realidad del trabajo de los misioneros. Pese a que su primera labor fue siempre el bienestar espiritual del pueblo al que servía, este sacerdote flaco y juvenil también se entregó a paliar sus necesidades materiales. En esa época, Chulucanas era solo una prelatura territorial, no una diócesis con obispo, aunque con los años acabaría siéndolo. El territorio bajo su responsabilidad incluía la capital, con unas decenas de miles de habitantes, y las innumerables comunidades desperdigadas por las estribaciones andinas, muchas de ellas formadas por indígenas con su propia lengua. Aunque Chulucanas no era precisamente próspera, la mayor pobreza era la de la montaña.

Se trataba de un nivel de penuria a la que no le había acostumbrado el South Side de Chicago, y una experiencia de lo sobrenatural radicalmente distinta. En bastantes de esas aldeas, la fe católica aún lidiaba con las creencias y prácticas espirituales tradicionales, o se amalgamaba con ellas en un conjunto sincrético.

El primer año de León en Perú fue, sobre todo, formativo, como un vistazo inicial a la vida que había anhelado. Pero la Orden no tardó en reclamar su vuelta a Chicago para que se dedicase a la dirección de las misiones, demostrando no solo la pasión sino la veteranía y la competencia que ya había adquirido y desarrollado. Sin embargo, tras completar el doctorado en el Angelicum en 1987, regresó a Perú, pero en esta ocasión para que fuese su hogar.

Un país dividido

A grandes trazos, en Perú pueden encontrarse tres regiones geográficas: la costa desértica, donde viven la mayoría de sus habitantes (Lima es la capital más seca del mundo); el alto andino, emplazamiento de un legado arquitectónico tan impresionante como el Machu Picchu, y poblado sobre todo por indígenas peruanos, y la densidad impenetrable de la selva amazónica, que ocupa la mayoría del territorio nacional. De hecho, aparte de Brasil, es en Perú donde se concentra la extensión más amplia del bosque del Amazonas.

El ministerio de León le conduciría por las tres regiones, pero recorrió más la costa y las montañas del norte, donde el litoral seco se adentra casi ochenta kilómetros en el interior, formando el árido desierto de Sechura. El color natural del paisaje es el pardo, que recuerda a una fotografía en sepia, excepto allí donde los regadíos han hecho posible la agricultura. Las colinas oscuras del norte y el este de las poblaciones costeras se elevan primero con suavidad y, de pronto, de manera abrupta. En las planicies majestuosas y en los valles proclives a las inundaciones persiste la forma de vida tradicional, con cabañas de ganado y cultivos de subsistencia. Pese a la abundancia de iglesias sencillas, pero pintorescas, para asistir a la Misa los fieles deben recorrer muchos kilómetros por traicioneros caminos de montaña, y caballos y mulas siguen siendo un medio de transporte fundamental.

El contraste marcado entre el Perú urbano y lo que en español llaman *el Perú profundo,* como el que se da entre los terratenientes y las clases obrera y agrícola, han provocado conflictos graves durante siglos: de hecho, los años misioneros de León se contaron entre los más turbulentos de su historia.

Entre 1980 y el 2000, el país sufrió una guerra civil de baja intensidad que enfrentó a los revolucionarios marxistas, sobre todo de Sendero Luminoso, con los sucesivos gobiernos. Sendero Luminoso seguía una versión marxista peculiar, asociada a su fundador, Abimael Guzmán, que proclamaba la necesidad de la violencia para alcanzar la victoria definitiva contra el capitalismo y las clases burguesas, incluyendo la autoridad representada por la Iglesia católica, hasta el punto de considerarse la vanguardia del comunismo mundial. Tras derrocar al régimen peruano, según su teoría, el movimiento extendería su particular y salvaje visión del marxismo-leninismo-maoísmo por todo el mundo, y eso implicaba también exterminar a otros partidos comunistas, en caso de que sus líderes no les parecieran lo bastante radicales.

El gobierno peruano trató durante los años ochenta de contener a Sendero Luminoso, mientras las desigualdades asentadas en el país y las tensiones fraguadas por las líneas divisorias, geográficas y culturales abonaban el terreno a ese movimiento militarista de extrema izquierda, hasta convertir esos años en la llamada «Década Perdida». Para 1990, Sendero Luminoso controlaba o estaba en activo en casi la mitad del territorio nacional, incluyendo zonas del desierto de Sechura en las que Prevost ejercía su ministerio. Sin embargo, la corriente viró en la década de los noventa, cuando el primer ministro de origen japonés Alberto Fujimori alcanzó el poder, y aunó una política económica de libre mercado con una represión brutal de la insurgencia, erigiéndose en un personaje popular pero muy controvertido. A los dos años de mandato, conspiró con el ejército para disolver el Parlamento y hacerse con una autoridad dictatorial.

El gobierno de Fujimori se enfrentó a la violencia brutal del Sendero con su propio extremismo, que incluía las torturas y las ejecuciones extrajudiciales conducidas por la policía secreta del gobierno, los escuadrones de la muerte. Gobierno e insurgentes asesinaron, mutilaron y torturaron con impunidad y, de los civiles atrapados entre ambos fuegos, quienes más sufrieron fueron los indígenas. Durante la década del mandato de Fujimori, sus tácticas inmorales fueron, no obstante, efectivas, y cuando se vio obligado a abandonar el poder, en el año 2000 —huyó del país, acusado de corrupción y crímenes de guerra—, Sendero Luminoso ya era irrelevante, aunque siguió involucrado en el narcotráfico a pequeña escala en el interior del país. Con el tiempo, Fujimori sería extraditado, juzgado por corrupción y crímenes de lesa humanidad y encarcelado. La violencia de los años precedentes había dejado más de setenta mil muertos.

Fue a este ambiente político y social, en un país atenazado por la violencia que acechaba en casi todas partes, al que llegó León en Chulucanas en 1985, y después a Trujillo, en 1988, para ejercer su ministerio durante la siguiente década.

SIEMPRE AGUSTINO

> A veces, no sabías con quién estabas hablando. [...] Nadie se fiaba de nadie, porque no sabían si podía ser un informante, o del gobierno o de Sendero Luminoso, así que la gente tenía miedo de hablar: había temor a expresarse[24].

De esta forma describía el obispo Turley la inseguridad vital durante la guerra civil peruana para la revista *America*. Sin embargo, la obligación de la Iglesia no era solo sobrevivir, sino continuar con la atención espiritual y material a las personas que la sufrían. Y eso mismo es lo que Prevost —a quien siempre se dirigían por la versión española de su nombre, *padre Roberto*— hizo en Trujillo.

Esta ciudad es la tercera más poblada del país, y también se encuentra en el norte, aunque a unos trescientos kilómetros de distancia de Chulucanas. Situada en la costa, no ha dejado de expandirse y, si a la llegada de Prevost en 1988 contaba con algo menos de medio millón de habitantes, hoy supera el millón. La renta mediana es de unos doce mil dólares anuales, apenas la cuarta parte que en la capital, Lima, pero gran parte de la ciudad está compuesta por arrabales de una pobreza extrema. Los católicos suponen cerca del 80 % de los habitantes.

Costaría encontrar una función que no acometiese Prevost en Trujillo: fue prior de los agustinos y director del noviciado, además de formador educativo y espiritual de sus compañeros. Ejerció también de juez en el tribunal eclesiástico archidiocesano, pero sus principales responsabilidades, las que iluminan las facetas más sobresalientes de su carácter, fueron académicas y pastorales. En Trujillo destacó, sin duda, como un intelectual, que encabezó el seminario diocesano y se dedicó con especial empeño a conseguir vocaciones locales al sacerdocio, para que una nueva generación de clero nativo sirviese a su país. Además, aplicó lo aprendido en el Angelicum romano, e impartió asignaturas de Derecho Canónico, Patrística y Teología Moral.

En cuanto a la situación política, Robert Prevost escogió el camino de en medio. Algunos católicos, también obispos, respaldaban abiertamente la represión del régimen de Fujimori contra Sendero Luminoso, pero él criticó los excesos de ambos bandos y, aunque era evidente su escasa simpatía por la ideología malsana y la violencia gratuita de la extrema izquierda, no podía cerrar los ojos ante la violencia promovida por el Estado. Sobre todo en las comunidades pobres, servir a todos significaba comprender las inclinaciones políticas de cada uno, pese a no compartirlas. Cuando, en 2017, el entonces presidente Pedro Pablo Kuczynski indultó a Fujimori, siendo Prevost obispo de Chiclayo, se manifestó en contra, tanto de ese perdón como de la aparente falta de arrepentimiento del mandatario condenado.

«Quizá sería más eficaz que pidiese perdón en persona por algunas de las grandes injusticias que cometió, y por las que lo juzgaron», dijo. El indulto, finalmente, no se ejecutó, y Fujimori volvió a la cárcel. Fue liberado en 2023, y falleció un año después.

Robert Prevost cuidó de su grey en dos parroquias —muy propio—, en la zona sur de Trujillo, distanciadas un par de kilómetros entre sí: Nuestra Señora de Montserrat y Santa Rita de Casia, misma patrona que la de la iglesia y el colegio agustinos en los que había trabajado en Chicago. El templo de Monserrat está pintado de un rosa brillante, y sus dos enormes puertas de madera arqueadas exhiben una cruz grabada, mientras Santa Rita es un complejo vallado, con un mural de san Agustín en el exterior.

No fueron parroquias en las que apareció, sino que él mismo las puso en pie y, como en las demás encomiendas pastorales que asumió en Trujillo, y en todo Perú, su actividad fue ejemplar, sobre todo en el servicio a los pobres o frente a las emergencias, como en las inundaciones periódicas que azotan la región. En este sentido, destaca un testimonio en particular, recogido después de su elección como papa por una televisión que emite en castellano. Héctor Camacho ayudaba al que conocían como *padre Roberto* a través del club de monaguillos Cristo Rey en Chulucanas. Cuando la madre de León, Mildred, falleció en 1990, Héctor y su esposa le dieron su nombre a su hija, aún no nacida, y le pidieron al *padre Roberto* que fuese su padrino, a lo que accedió. A esa niña, hoy adulta, le preguntaron qué sentía al ser la ahijada de un papa, y esto es lo que respondió:

Siempre, siempre digo que cuento con la bendición de mi padrino. [...] Lo admiro desde niña, y siempre ha estado cercano, aunque fuese con cartas y mensajes; cuando venía a visitar Chulucanas, antes de la Misa dedicaba tiempo a saludarnos a todos. Que ahora sea el nuevo papa, en fin... es maravilloso haber vivido esa bendición junto a él desde que era pequeña.

Héctor recuerda a León como a alguien que transmitía paz y serenidad allá donde fuese y, más que en ningún otro lugar, en las barriadas pobres en torno a Chulucanas, como después en las de Trujillo y Chiclayo. Cuando el sacerdote se acercaba, a veces a caballo o en mula, niños y adultos empezaban a gritar: «¡Padre Roberto!», y corrían a abrazarlo. No es exagerado decir que lo consideraban un santo en vida.

En fechas más recientes, las dos parroquias del padre Roberto en Trujillo han promocionado el colegio San Agustín de la zona con este eslogan: «Una vez agustino... ¡siempre agustino!». En Trujillo, y en todo el norte de Perú, tanto el legado de los agustinos como el del *padre Roberto* aparece por doquier. En los años posteriores, su ministerio llegaría más lejos, ya como «obispo Roberto».

5.
CRISTO EN PERÚ

Perú ha dado a la iglesia a dos de los santos más notables del hemisferio occidental, y de toda la historia de la Iglesia: san Martín de Porres y santa Rosa de Lima, a quienes esta hermosa tierra acaba de sumar un papa.

La Iglesia llegó a Perú a comienzos del siglo xvi junto con los conquistadores españoles, y fue allí donde Francisco Pizarro se encontró con los incas, una de las civilizaciones más extraordinarias de la historia del hombre. Los incas se extendían desde la actual Colombia, descendiendo junto a la costa pacífica de Sudamérica, hasta las cercanías de lo que es hoy Santiago de Chile: un imperio de 4000 kilómetros, que sin embargo mantenía su núcleo territorial en Perú, especialmente en Cuzco, en los altos meridionales.

La sociedad imperial española no tardó en instalarse, hasta establecer su centro de poder en Lima, en la costa desértica, que fue la ciudad en la que, apenas unas generaciones después, aparecerían dos de los santos contemporáneos más extraordinarios, miembros ambos de los terciarios dominicos: Martín de Porres y Rosa de Lima. Ambos ejemplifican una espiritualidad densa, que parece haber brotado providencialmente en su tiempo y espacio particulares, y que se ha inscrito en el ADN del catolicismo peruano desde sus mismos albores. En Perú no existen las medias tintas: o se es del todo, o no se es.

SANTO DEL NORTE

El padre Prevost dejó atrás Perú por segunda vez en 1998, cuando fue elegido prior de la provincia de Nuestra Señora del Buen Consejo, la rama de la Orden con sede en Chicago, para convertirse tres años después en prior general de los agustinos durante dos mandatos consecutivos de seis años, hasta 2013. A partir de entonces, y hasta el año siguiente, sería director de formación en el convento de dicha ciudad, y primer consejero y vicario de su provincia. Aunque ya había aceptado que su tiempo en Perú quedaba atrás, después de quince años de desempeño en la Orden fuera del país, el papa Francisco lo envió allí de nuevo.

El futuro pontífice regresó a Perú en 2014 para convertirse en administrador apostólico de la diócesis de Chiclayo, cuando el obispo Jesús Moliné Labarte presentó su renuncia por motivos de edad. El 12 de diciembre, festividad de Nuestra Señora de Guadalupe, patrona de las Américas, fue consagrado obispo en la inmensa catedral de Santa María de Chiclayo. Esta obra maestra colonial neoclásica comenzó a levantarse en 1869, pero su construcción no se culminó hasta 1939, y seguía el diseño ideado por Gustave Eiffel, famoso por cierta torre parisina. El 26 de septiembre de 2015, el papa Francisco lo nombró de forma oficial obispo de Chiclayo, la quinta ciudad más populosa del país, con más de seiscientos mil habitantes. Desde 2020 hasta 2021, fue también administrador apostólico de la diócesis de Callao.

Años más tarde, Prevost contaría que nunca pensó que lo nombrarían obispo tras la elección de Francisco en 2013, y citó ciertas dificultades en la relación con el entonces arzobispo de Buenos Aires. En una charla en una parroquia de Illinois, en 2024, siendo cardenal, confesó que habían discutido por el nombramiento que había recibido un fraile agustino en la diócesis de Bergoglio, aunque en ese caso había prevalecido el criterio del que era entonces prior general de la Orden. Más tarde, Prevost intervino a su favor en un asunto eclesial distinto, y al parecer, el nuevo papa se formó una gran idea de él.

Siendo obispo, nunca dejó de salvaguardar la doctrina católica en aspectos cruciales, como la ideología de género y la defensa del no nacido, y en Chiclayo se opuso públicamente a la iniciativa del gobierno de promover la enseñanza de esa ideología en los colegios. «La promoción de la ideología de género», dijo, «es confusa, porque trata de crear géneros que no existen»[25].

De igual forma, fue un defensor tenaz de la causa provida en Perú. En una homilía en Chiclayo, en 2019, predicó contra lo que el papa Francisco llamó «cultura del descarte»: «No podemos construir una sociedad justa si descartamos a los más débiles, sean los niños en el seno materno o los ancianos en su fragilidad, porque ambos son dones de Dios». Como en cada cargo que ocupó, no tardó en ser promovido, y en 2018 eso significó que sería vicepresidente de la Conferencia Episcopal Peruana, que representa a más de cuarenta diócesis. También se incorporó a su consejo económico, y fue presidente de la Comisión para la Cultura y la Educación. Pero en Perú no era conocido por esos títulos, sino por su presencia constante junto a los fieles. Aunque, como obispo, tenía derecho a chófer, prefirió conducir él mismo por Chiclayo y las zonas rurales y, si el vehículo se averiaba, también era el primero en ponerse manos a la obra para repararlo, y el primero en quien se podía confiar para que lo hiciese bien.

Cuando visitaba las comunidades inaccesibles en coche, montaba con pericia a caballo o en mula, y recorrió las montañas peruanas cabalgando, sin sentirse ni parecer fuera de lugar. «Incluso los obispos lo llamaban santo, el Santo del Norte. Tenía tiempo para todos», contó el agustino Alexander Lam a la agencia Associated Press en Roma. «Era de los que te salen al encuentro en el camino. Un obispo de ese tipo»[26].

Nada reveló más el deseo del obispo Prevost de estar cerca de su pueblo, y de su entrega para prestarle también ayuda material, que el auxilio prestado durante las inundaciones periódicas que caían aluvión por los valles, anegando las llanuras. Su estampa de determinación, con el bajo de los pantalones enfundado en unas botas de agua altas para vadear la corriente, es imborrable. En 2017 fue El Niño, y en 2022, un ciclón tropical, pero la causa era indiferente: siempre estuvo ahí.

Y entonces llegó el covid-19. Las restricciones en la vida cotidiana de Perú fueron especialmente draconianas, dejando a los fieles sin acceso a los sacramentos durante nueve meses, pero quienes estaban cerca del obispo en esas fechas recuerdan que no temió ni a la enfermedad ni a las personas. «Prevost nunca fue de los que dan órdenes tras la mesa de un despacho. Era el rostro de Cristo, el que bajaba al barro para ayudar a su pueblo», contó Janinna Sesa Córdova, directora de Cáritas Chiclayo, a Inés San Martín, de OSV News[27].

En el norte de Perú, en lo peor de la pandemia, las familias veían como el oxígeno del que dependían sus seres queridos enfermos se agotaba, y el obispo Prevost decidió crear la campaña Oxígeno de la Esperanza, poniéndose al frente, lo que permitió —según recuerda Sesa— «comprar dos plantas de oxígeno medicinal y ofrecer asistencia gratuita a cientos de familias».

Ese mismo artículo de San Martín ofrece un detalle interesante, que recuerda por qué León, aun siendo reconocido por su empeño en ayudar materialmente a la comunidad, era ante todo un sacerdote de Jesucristo. Aldo Llanos, profesor de Filosofía y Antropología en la Universidad de Piura, contó que no tenía problemas en servir a su pueblo «con botas y un poncho», pero «a la hora de la Misa, iba vestido de forma impecable»[28].

Casos de abusos cuestionables

Ha habido rumores de que Prevost tuvo una actitud pasiva al investigar las acusaciones contra sacerdotes por abusos sexuales, siendo obispo de Chiclayo. Este señalamiento surge de una denuncia presentada contra la diócesis en 2022 por tres hermanas, que recogía los presuntos abusos cometidos contra ellas por un sacerdote en 2004, cuando eran menores de edad, y de la que dijeron que la investigación eclesiástica ordenada por Prevost fue insuficiente, y que el acusado siguió celebrando Misa. Otras acusaciones del mismo tenor se refieren a su época como prior de la Orden en la provincia de Chicago. En 2000, según se dice, permitió que un sacerdote agustino denunciado por abusos sexuales contra menores residiese en el monasterio de St. John Stone de la ciudad, bajo supervisión. Este cura había sido suspendido del ministerio público en 1991 por unas denuncias verosímiles de abuso infantil, y más tarde se criticó a Prevost porque el convento estaba cerca de un colegio, pese a que eso no supondría un incumplimiento del derecho canónico.

Con respecto a las últimas denuncias en Chiclayo, su sucesor al frente de la diócesis, el obispo Edinson Farfán, lo defendió en una rueda de prensa convocada para tratar los casos mencionados. «Es mentira. Él [el papa León XIV] ha escuchado, ha respetado los procesos, que además aún están en marcha. [...] Créanme, soy el primer interesado en que se haga justicia y, sobre todo, en poder ayudar a las víctimas»[29].

Por su parte, la oficina de prensa de la Santa Sede emitió una nota que citaba la declaración de 2023 del área de Comunicaciones Sociales de la diócesis de Chiclayo. «Tras recibir las denuncias, se indicó al sacerdote acusado que debía abandonar la parroquia y su ministerio. Se inició una investigación preliminar, que más tarde se remitió a la Santa Sede»[30]. También observaba que «el Dicasterio para la Doctrina de la Fe consideró que las acusaciones contra ese sacerdote no tenían base suficiente, y en consecuencia decidió cerrar el caso *pro nunc* [temporalmente]». En 2023, tras ser nombrado prefecto del Dicasterio para los Obispos, el entonces arzobispo Prevost fue entrevistado por *Vatican News* y, cuando le preguntaron por la reacción de la Iglesia ante la crisis de los abusos, la responsabilidad de los obispos y la urgencia de acometer un cambio de mentalidad con respecto a la respuesta a las agresiones, esto fue lo que dijo:

Hay lugares en los que se ha hecho un buen trabajo ya desde hace años, y las normas se ponen en práctica. Al mismo tiempo, creo que aún queda mucho por aprender. Me refiero a la urgencia y a la responsabilidad de acompañar a las víctimas. Una de las dificultades que surgen muchas veces es que el obispo debe estar cerca de sus sacerdotes, como ya he dicho, y debe estar también cerca de las víctimas. Algunos recomiendan que no sea el obispo directamente quien reciba a las víctimas, pero no podemos cerrar el corazón, la puerta de la Iglesia a las personas que han sufrido abusos. [...]

Por supuesto, también hay mucha diferencia entre una cultura y otra sobre cómo se reacciona ante estas situaciones. En algunos países ya se ha roto un poco el tabú de hablar del tema, mientras que hay otros lugares donde las víctimas, o las familias de las víctimas, nunca querrían hablar de los abusos sufridos. En cualquier caso, el silencio no es una respuesta. El silencio no es la solución. Debemos ser transparentes y sinceros, acompañar y ayudar a las víctimas porque, de lo contrario, sus heridas nunca cicatrizarán. En esto hay una gran responsabilidad para todos nosotros[31].

A diferencia de estas acusaciones, el servicio espiritual del papa León XIV al pueblo de Chiclayo no ha atraído tanta atención por parte de la prensa mayormente secular, aunque es patente que es algo no solo central, sino fundacional para su ministerio. Al parecer, tuvo una relación cordial con Gustavo Gutiérrez, el sacerdote y pionero de la teología de la liberación, pero no hay pruebas de que el obispo Prevost considerase el ministerio, por así llamarlo, temporal, el de ayudar materialmente a los fieles, más importante, ni siquiera al mismo nivel, que el espiritual.

En realidad, su auxilio material siempre estuvo inspirado por la persona divina de Jesucristo, afianzado en ella y dirigido a encaminar hacia ella a su rebaño. Pensemos en la pandemia. Aunque el obispo se procuró los suministros médicos que salvaron vidas, también salió a las calles con el Santísimo. En un reflejo de la bendición extraordinaria *Urbi et Orbi* del papa Francisco en marzo de 2020, León bendijo a Chiclayo con una custodia de Jesús de gran belleza, consolando así a los fieles que llevaban nueve meses sin celebraciones comunitarias.

También se ha contado que ha sido un defensor de la autenticidad del milagro eucarístico ocurrido en Eten, ciudad al sur de Chiclayo, en 1649. Según la asociación para la Adoración y la Educación de la Presencia Eucarística Real,

la primera aparición del Divino Niño en el Santísimo Sacramento ocurrió la noche del 2 de junio de 1649, durante las vísperas y la exposición solemne por la fiesta del Corpus

Christi. Al finalizar la celebración, el monje franciscano Jerónimo de Silva Manrique, al devolver la custodia al sagrario, se detuvo de inmediato. En la sagrada Hostia había aparecido el rostro brillante de un Niño, cuyos bucles castaños le caían hasta los hombros. Todos los fieles presentes tuvieron la misma visión[32].

Unas semanas más tarde sucedió algo similar:

Según el testimonio del hermano Marcos López, superior del convento en Chiclayo, durante la exposición del Santísimo «el Divino Niño Jesús se apareció otra vez en la Hostia, vestido con una túnica púrpura, bajo la que llevaba una camisola hasta la mitad del pecho, según la costumbre de los indios sudamericanos». Mediante este signo, el Divino Niño quería identificarse con los mochicas que poblaban Eten, para demostrarles su amor. En la misma aparición, que se prolongó unos quince minutos, muchos vieron también en la forma tres pequeños corazones unidos entre sí, que simbolizaban a las tres personas de la Trinidad Santísima: el Padre, el Hijo y el Espíritu Santo. Hasta hoy, la fiesta en honor del milagro del Divino Niño de Eten sigue atrayendo cada año a miles de fieles»[33].

El pueblo de Eten llevaba mucho tiempo esperando a que el milagro fuese aprobado de manera oficial por la Iglesia, y que su ciudad fuese reconocida como eucarística. La elevación de León XIV al trono de Pedro lo hace más probable.

Otro aspecto que se destaca de su ministerio episcopal es el de la firmeza, aunque amable, en lo relativo a las verdades católicas. «Cuando veía que algo no estaba bien, o que no concordaba con la Iglesia, lo decía con franqueza», contaba el sacerdote Elmer Uchofen al *New York Times*[34]. También se dice que no dudaba en corregir en privado a las personas, incluyendo el envío de «varias cartas duras» —según San Martín— a quienes habían participado de la corrupción u otras actividades inmorales o ilegales. Recuerda en esto a san Ambrosio, obispo de Milán, que reconvino al emperador Teodosio por su inmoralidad, hasta que este hizo penitencia y retornó a la Iglesia.

Las religiosas bajo su cuidado en Chiclayo recibieron un afecto particular, sobre todo las agustinas, como no podía ser menos. Varias comunidades lo recuerdan con cariño como un hermano fiel, que las animaba en sus carismas y vocaciones individuales y comunitarios. «Compartía con nosotras las comidas y las celebraciones, y nos acompañaba y nos alentaba de un modo conmovedor: con sencillez, con confianza, con la oración», relató la hermana Marlene Quispe a Rhina Ghidos, de *Global Sisters Report*. «Era una persona que escuchaba mucho, que ayudaba a otros a discernir, y cuyas palabras eran fundamentales para crear comunión. Era un verdadero hermano»[35].

A preguntas de una publicación de los agustinos, poco después de su nombramiento como cardenal en 2023, definía de este modo lo que implica ser un buen obispo:

Ser un buen pastor significa ser capaz de acompañar al pueblo de Dios y vivir cerca de él, no estar aislado. [...] Por ende, el obispo tiene que tener muchas habilidades. Tiene que saber gobernar, administrar, organizar y saber estar en el trato con la gente. Pero, si tuviera que señalar un rasgo por encima de cualquier otro, es que tiene que proclamar a Jesucristo y vivir la fe para que los fieles vean en su testimonio un aliciente para querer formar parte cada vez más activa de la Iglesia que el mismo Jesucristo fundó. En definitiva, ayudar a la gente a conocer a Cristo a través de ese don que es la fe[36].

No hay prueba mejor de que el obispo Prevost hizo honor a sus palabras que la reacción de sus fieles cuando fue elevado a la sede petrina. Cientos de miles de peruanos se arremolinaron en las calles de Chiclayo para celebrarlo, de inmediato. Y luego los seminaristas, a quienes grabaron mientras veían por televisión al cardenal Dominique Mamberti, el protodiácono, entonar el *Habemus papam*. Cuando leyó el nombre de *Robertum Franciscum*, un estremecimiento recorrió la sala y, cuando terminó con *Prevost*, estalló como si Perú acabase de ganar un mundial.

Nunca ha olvidado, ni a su querido Perú ni a su diócesis. El día de su elección, cuando impartió la primera bendición *Urbi et Orbi*, el papa León XIV incluyó un saludo especial para su antigua diócesis, en castellano:

Y si me permiten también una palabra, un saludo a todos y en modo particular a mi querida diócesis de Chiclayo, en el Perú, donde un pueblo fiel ha acompañado a su obispo, ha compartido su fe y ha dado tanto, tanto, para seguir siendo Iglesia fiel de Jesucristo.

6.
CORAZÓN MISIONERO

Cuando el papa León XIV apareció en la logia de la basílica por primera vez, hubo una palabra que todo aquel que lo conociese esperaría escuchar: misionero. De hecho, la pronunció dos veces.

Quiero dar las gracias también a mis hermanos cardenales, que me han escogido como sucesor de Pedro para que camine junto a vosotros como Iglesia, unidos, buscando la paz y la justicia, tratando siempre de actuar como hombres y mujeres fieles a Jesucristo que proclaman sin miedo el Evangelio, que son misioneros.

Soy agustino, un hijo de san Agustín, quien dijo: «Con vosotros soy cristiano, y por vosotros soy obispo». En este sentido, todos caminamos juntos hacia la patria que Dios nos tiene preparada.

¡Un saludo especial para la Iglesia de Roma! Juntos, buscaremos el modo de ser una Iglesia misionera, una Iglesia que construye puentes y fomenta el diálogo, abierta para acoger, como esta plaza, con los brazos abiertos a quienes necesiten de nuestra caridad, nuestra presencia, nuestra disposición al diálogo y nuestro amor.

De todas las funciones que ha asumido León, desde la de maestro y pastor a la de obispo y papa, la de misionero es la más cercana a su corazón, y la que adopta siempre, también al cumplir las demás. «Por supuesto —dijo el año anterior a los fieles de una parroquia de Illinois—, el ministerio que dio más forma a mi vida fue el de Perú»[37]. León es el primer papa que ha actuado como misionero desde la Iglesia primitiva y, mediante esta característica, el Señor está comunicando sin duda a la Iglesia que toda ella está llamada ahora, de un modo específico, a ser misionera en un mundo poscristiano. El territorio de misión no es solo el Perú rural o el desolado South Side de Chicago, sino el mundo entero y, más en concreto, los vestigios de la cristiandad.

TERRENO DE MISIÓN UNIVERSAL

Perú es un territorio de desigualdades, entre las regiones bajas y las altas, el desierto y la selva, los ricos y los pobres. El obispo Prevost surcó esos contrastes con mano experimentada, y se convirtió en un elemento unificador entre ellos, con una unidad enraizada en Cristo, como habría querido san Agustín. Aunque las necesidades materiales puedan variar de un lugar a otro y en distintas épocas, y las espirituales también deban satisfacerse de modos diversos, todos precisan lo mismo de sus pastores, y es a Jesucristo.

Se presenta así otro contraste, esta vez entre Perú y el país natal de León, Estados Unidos. Aunque en este no falte su cuota de pobreza, incluso de miseria, no puede compararse con la del norte peruano, donde muchos, si no la mayoría de sus habitantes, viven en la precariedad, sabiendo que una sola inundación, la pérdida del empleo o una crisis económica, una mala cosecha, un accidente, pueden conllevar perderlo todo. Todo lo material, claro.

No es difícil por tanto detectar otra contraposición. En Perú, León estuvo rodeado de problemas, pero también de una gran fe, anclada en la relación sobrenatural con Dios, que trasciende las dificultades. En Norteamérica, León vio, y sigue viendo, una gran prosperidad, pero también un empobrecimiento espiritual terrible; en otras palabras, contempla una civilización a la que le hace falta una Iglesia misionera.

«En su misma esencia, nuestra iglesia es misionera», contó a *America* el obispo Dan Turley. «Hemos nacido de una misión: "Id, pues, y bautizad en el nombre del Padre y del Hijo y del Espíritu Santo". [...] Si perdiésemos eso, no seríamos la Iglesia de Cristo»[38]. Visto así, la desaparición de la cristiandad y la pérdida de la fe en el Occidente más rico, aunque trágicas, son una oportunidad y una invitación a recordar y a recuperar lo que la Iglesia está llamada a ser.

Hay quien especula con que un papa misionero apostará por expandir la evangelización por el llamado Sur Global, las naciones en desarrollo de África, de Asia y de allí donde la Iglesia crece con altibajos. Quizás. Pero la idea de León de una Iglesia misionera no se va a limitar a los lugares comunes. Ha presenciado de primera mano el hundimiento eclesial en su ciudad, y sabe que Chicago es un territorio de misión, tanto o más que Chiclayo. Su espiritualidad agustina, contrastada y fortalecida en el *Perú profundo*, le ha dado la respuesta: la unidad en Cristo.

ACOGER EL MISTERIO

Con frecuencia —no siempre, pero sí muchas veces— nada más elegirse a un papa, las elucubraciones previas al cónclave se vuelven un tanto ridículas porque, una vez concluido, se diría que la respuesta era evidente. Es lo que ha ocurrido en esta última ocasión. El cardenal Robert Prevost entró al cónclave con una experiencia eclesial más diversa que cualquier otro miembro del Colegio. Desde el Medio Oeste estadounidense hasta el norte peruano, pasando por Roma y más allá, ha caminado con el pueblo de Dios por una multiplicidad increíble, y en verdad única, de senderos. «Reconocer la gran riqueza de la diversidad dentro del pueblo de Dios es de una utilidad incomparable, porque nos sensibiliza para llegar mejor y responder con más acierto a lo que se espera de nosotros», ha reflexionado sobre su trayectoria.

> Hay culturas muy diversas, distintos idiomas, diferentes circunstancias a las que responde la Iglesia en todo el mundo, así que, al enumerar las prioridades y sopesar los retos que se nos presentan, debemos reparar en que las urgencias de Italia, España, Estados Unidos, Perú o China no serán casi con seguridad las mismas excepto en una cuestión: la de la invitación subyacente de Cristo a predicar el Evangelio, que es idéntica en todas partes[39].

«Idéntica en todas partes»: esta es la visión fundamental que León aporta a la Iglesia del siglo XXI, bien sencilla, pero tan necesaria como increíblemente profunda. En todas partes y circunstancias, en cualquier cultura, hogar y pueblo, en la ciudad y en el campo, el mundo necesita a Cristo. Y nadie puede sustituirlo. En Perú, el futuro papa lidió con ideologías y políticas de poder que pretendían reemplazarlo, con religiones tradicionales y sincréticas que lo negaban o le restaban importancia, y más adelante con los teléfonos inteligentes y los medios de masas, que han colonizado casi cada nicho de la civilización humana. En Estados Unidos, León también ha sido consciente de las dimensiones políticas, pero de manera distinta, igual que ha percibido el impacto de los medios, en este caso con una fuerza mucho mayor. Junto a esto, aparecen la riqueza, las distracciones y el nihilismo, la clase de ideología de la nada que solo puede surgir en una civilización que posee demasiado.

Aunque las circunstancias varíen, la solución es idéntica, y es su aplicación la que debe ajustarse a la diversidad de entornos. La apariencia de la propuesta cristiana en Perú será distinta a la de Estados Unidos. La primera quizá esté acompañada del auxilio material, y la segunda —según se deduce de las observaciones recientes de León como papa— tal vez se envuelva en el misterio y la belleza, antídotos para una cultura ensombrecida por la ironía y la certidumbre científica. Veamos un extracto de su discurso a los representantes de las iglesias católicas orientales, pronunciado seis días después de su elección:

¡Cuán grande es la contribución que el Oriente cristiano puede darnos hoy! ¡Cuánta necesidad tenemos de recuperar el sentido del misterio, tan vivo en sus liturgias, que involucran a la persona humana en su totalidad, cantan la belleza de la salvación y suscitan asombro por la grandeza divina que abraza la pequeñez humana! ¡Y cuán importante es redescubrir, también en el Occidente cristiano, el sentido del primado de Dios, el valor de la mistagogia, de la intercesión incesante, de la penitencia, del ayuno, del llanto por los propios pecados y de toda la humanidad (*penthos*), tan típicos de las espiritualidades orientales! Por eso es fundamental custodiar sus tradiciones sin diluirlas, tal vez por practicidad y comodidad, para que no se corrompan por un espíritu consumista y utilitarista[40].

La última frase es especialmente atinada, porque con ella implora que la tradición y el misterio se mantengan incorruptibles ante el consumismo y el utilitarismo. Para León, este es un modo de presentar a Cristo al mundo de forma renovada, sobre todo allí donde ha sido rechazado; más que Él, la versión segura, saneada y diluida de la buena noticia, la imagen de un santo carismático, pero no el Hijo de Dios. Esta afirmación, la de que Jesucristo es el Hijo de Dios, fue escandalosa cuando se proclamó por vez primera, pero con los siglos se dio por sentada, como un buen fruto del éxito de la Iglesia. Eso fue la cristiandad, hasta que hoy esa verdad ha vuelto a ser escandalosa, un misterio peculiar a ojos de nuestros contemporáneos, como lo sería el de los misioneros cristianos que pusieron un pie en Perú hace medio milenio.

In illo uno unum. «En el Uno, somos uno», pero ¿qué significa ese «en»? En primer lugar, supone estar en comunión con Cristo, lo que a su vez implica estarlo con su Iglesia. En segundo lugar, y más fundamental, significa amar al Dios Uno, que es el modo de aceptar su invitación a entrar en su vida mediante la gracia. Esencial en ese amar a Dios es amar su verdad, esto es, la doctrina de la Iglesia. Es patente que León no cree que diluir las enseñanzas inmutables de la Iglesia, haciéndolas agradables al paladar contemporáneo, sea la vía para alcanzar la unidad. En realidad, esta concepción la menoscaba, porque provoca desacuerdo entre el pueblo de Dios sobre quién es Cristo y sobre su mensaje. Ofrecerá una fachada de unidad, pero no la auténtica, y no hay prueba alguna de que León haya adoptado jamás esa solución de compromiso.

Por tanto, la labor de los misioneros —esto es, de todos nosotros— consiste en difundir el amor de Dios y su verdad, extendiendo al hacerlo la comunión de Cristo y de su Iglesia. En esto radica la vocación misionera perpetua de la Iglesia, a la que además nos llama de forma especial un papa también misionero. Aquí se descubre la continuidad entre Francisco y León XIV, aunque existan diferencias significativas en la imagen: sobre todo, en el uso que ha hecho el segundo de las vestimentas pontificias o las fórmulas de bendición tradicionales. Hace apenas un año, el entonces cardenal Prevost subrayó que era ese trasfondo misionero el que había atraído el interés de Francisco por ponerlo al frente de los obispos en el Vaticano. «Me nombró [...] específicamente porque no quería a alguien de la curia romana para el puesto. Buscaba un misionero, alguien de fuera»[41].

Según una religiosa agustina de Chiclayo, la idea de retornar a Roma no entusiasmó a Prevost, que amaba vivir en Perú, ser un obispo misionero en una preciosa tierra de contrastes y estar cerca de su rebaño. Sor Marlene Quispe atestiguó al *Global Sisters Report* que su reacción fue esta: «Me siento misionero, y no me veo en Roma, pero he rezado y quizá ahora sea el momento de ser misionero en Roma. Allí también hay una misión que desarrollar»[42]. Tal vez no haya frase más relevante para comprender su visión de la Iglesia, y de cada uno de los miembros del Cuerpo de Cristo. Sin duda, amaba su misión, en territorio misionero, pero es que todo territorio lo es. De hecho, también Roma.

PARTE 3.
ROMA: LA CIUDAD ETERNA

7.
UN ECLESIÁSTICO EXPERIMENTADO

EL PAPA LEÓN XIV ha sido pionero en varios sentidos: como primer papa norteamericano, y como el primero procedente de un territorio de misión desde los tiempos de la Iglesia primitiva. Pero también, como muchos pontífices antes que él, es un hombre de la Iglesia más institucional.

Nada más cruzar la arcada sur que circunda la plaza de San Pedro, y que marca el límite de la Ciudad del Vaticano, hay una pequeña calle de unas decenas de metros que conecta el centro neurálgico del catolicismo con una de las avenidas romanas. La *piazza* del Sant'Uffizio, o plaza del Santo Oficio, ha sido el domicilio de León durante casi toda su estancia en Roma. En la acera izquierda se encuentra la sede internacional de la Orden de San Agustín, con residencias, oficinas, un monasterio, el Pontificio Instituto de Patrística o Agustinianum (una facultad de Teología centrada en el estudio de los Padres de la Iglesia) y la capilla de Santa Mónica, en la que León celebró Misa durante una visita a sus hermanos, a los cinco días de su nombramiento. Es un edificio que conoce bien, porque viviría ahí mientras estudiaba en el Angelicum, y durante sus doce años como prior general de la Orden, albergó su despacho y su vivienda.

Al otro lado de la calle se ubica la construcción que le da nombre, el *palazzo* del Santo Oficio, sede del Dicasterio para la Doctrina de la Fe, departamento responsable de la salvaguarda, la articulación y la interpretación de las enseñanzas de la Iglesia. Este Dicasterio, u organismo curial, ha tenido nombres diversos a lo largo de la historia, como el de Santo Oficio o el de Congregación para la Doctrina de la Fe, y se encuentra en un gran palacio que custodia la entrada al Vaticano, al sur de la basílica de San Pedro y muy cerca de la famosa aula Pablo VI, donde se celebran algunas de las audiencias generales del papa. Hoy en día, sirve entre otros usos para acomodar a funcionarios del Vaticano, como ocurrió con el entonces prefecto del Dicasterio para los Obispos, el cardenal Robert Francis Prevost.

Parece adecuado que quien suele considerarse alguien con los pies en la tierra cuente con un hogar estable en Roma; tal vez sus idas y venidas por la *piazza* evoquen las otras que ha vivido; en Estados Unidos y Perú, como pastor, misionero y organizador, en la Iglesia y en el mundo. En este sentido, también concuerda que haya residido, literalmente, a la sombra de la basílica y con vistas a la plaza de San Pedro, lugares ambos que un día llamaría suyos. Encontramos de nuevo el tema de la unidad y la caridad: su labor —espiritual y material— solo era valiosa si se anclaba en el amor de Dios y, aunque hubiese preferido continuar con la misión en su hogar adoptivo peruano, Dios y su Iglesia lo llamaron para que insuflase ese espíritu misionero a la institución universal, desde la ciudad eterna.

Llamado a Roma

La experiencia romana de León tuvo su inicio en 1982, cuando sus superiores en los agustinos reconocieron su talento y lo enviaron a la prestigiosa Universidad Pontificia de Santo Tomás de Aquino, el Angelicum, para que continuase con sus estudios. En 1984 se licenció en Derecho Canónico, ejerciendo diversos cargos en los tribunales eclesiásticos, pero no terminó ahí. Después de su primer viaje misionero a Perú en 1985 y 1986, el entonces padre Prevost regresó a Roma para completar el doctorado, en el mismo centro, en 1987. Que estudiase en esa institución y que lo hiciese con brillantez no solo indican su capacidad intelectual, sino su orden y precisión, algo que maestros y amigos llevaban percibiendo toda su vida. El corazón misionero de León se complementa con la inteligencia de un profesor, y no solo en la teoría: también en la práctica. No es de extrañar que su disertación doctoral se centrase en un asunto de importancia para los agustinos: «El oficio y la autoridad del prior local en la Orden de San Agustín».

De su formación como canonista, haría un uso intensivo, como cuando impartió esa asignatura en el seminario de Trujillo, o cuando aplicó su experiencia legal, tanto para desarrollar los protocolos de respuesta ante las denuncias por abusos sexuales de los obispos peruanos como al ejercer el cargo de prior general de los agustinos. El primer puesto relevante en la Orden fue su nombramiento como prior provincial de la región de Nuestra Madre del Buen Consejo, en el Medio Oeste norteamericano, en 1998, que le obligaría a trasladarse de Trujillo al Chicago suburbano, y a viajar con frecuencia para visitar las misiones de la provincia bajo su responsabilidad. En 2001 fue elegido prior general de la Orden a nivel internacional, un rol que ocuparía durante dos sexenios consecutivos.

A partir de entonces, quedarían bajo su mandato cerca de tres mil agustinos, frailes y monjas, activos en decenas de entornos diversos, como escuelas, institutos, monasterios, parroquias o misiones, en cuarenta y siete países. Conoció entonces numerosas culturas y contextos de todo el mundo; además de Perú, según la agencia *Catholic News*, visitó Australia, la República Democrática del Congo, India, Indonesia, Kenia, Nigeria, Filipinas, Corea del Sur y Tanzania.

Además de inglés y español, habla con fluidez italiano, francés y portugués, y se defiende en quechua, idioma indígena de Perú, pero también en latín, como descubrió el mundo al escucharle cantar el *Regina Coeli* desde la logia de San Pedro, el primer domingo de su pontificado.

Encabezar una orden religiosa internacional supone unas responsabilidades extraordinarias. El voto de obediencia de los agustinos otorga poder a su prior para ordenar las vidas de miles de frailes, mientras sortea las complejidades financieras y burocráticas implícitas en cualquier organización de esas dimensiones. Visto así, es llamativo que Donald Reilly, antiguo prior de la provincia oriental estadounidense, Santo Tomás de Villanueva, contase que el padre Prevost se ganó el respeto de quienquiera que interactuase con él: en doce años de decisiones a veces difíciles, nadie en la Orden sintió que hubiese incurrido en una injusticia. En esa época, la labor del prior general incluyó encomiendas tan sensibles como la fusión de provincias y el cierre de monasterios, debidos al número menguante de vocaciones religiosas, desde tiempo atrás. Según la descripción de Reilly, corroborada por muchos otros que trabajaron junto a León, su forma de deliberar lograba, de un modo muy efectivo, si no el consenso, al menos la aquiescencia con sus decisiones. Primero, escuchaba lo que tuviesen que decir todos los implicados, y tomaba nota. Después sintetizaba lo aprendido y, con sus palabras, mostraba que había comprendido su postura y sus inquietudes, de tal forma que no solo se sintiesen escuchados, sino que lo supiesen de modo fehaciente. Por último, a la hora de tomar una decisión —y León las toma—, se aseguraba de que esta reflejase toda la información y las perspectivas disponibles, y de que los implicados estuviesen dispuestos a seguir avanzando.

En una rueda de prensa celebrada en el Colegio Americano en Roma después del cónclave, los cardenales de esa nacionalidad, que acababan de participar en la elección, dieron su opinión sobre el nuevo papa. Joseph W. Tobin, de Newark, Nueva Jersey, afirmó que lo conocía desde hacía treinta años, incluyendo los que compartieron en la capital italiana a finales de los noventa y principios de los dos mil, cuando Tobin era superior general de los redentoristas y Prevost de los agustinos. Además, Tobin fue miembro del Dicasterio para los Obispos, y trabajó con el entonces cardenal Prevost cuando este era su prefecto. Para él, su estilo de liderazgo «no es de los que escogen batallas, pero tampoco retrocede si la causa es justa. Si tuviese que decir una sola cosa sobre Bob sería que escucha de verdad, y luego actúa»[43]. No es difícil detectar un modelo de la denominada «sinodalidad», que consiste en escuchar de una forma democrática y, simultáneamente, decidir de modo jerárquico; pero una sinodalidad que respeta el papel de todos, también el distintivo de los dirigentes espirituales de la Iglesia.

El mandato de Prevost como prior general coincidió con la avalancha de casos de abusos sexuales destapados en la Iglesia, que comenzó en 2002, y ante los que se ha dicho que fue proactivo. Aunque las órdenes religiosas no se vieron sometidas a un escrutinio tan directo como el de las diócesis, no esperó a que el foco recayese sobre su Orden. Según Reilly, León se puso manos a la obra junto a profesionales laicos para crear espacios seguros y elaborar protocolos que fuesen acordes con la naturaleza comunitaria de la vida y la espiritualidad agustinianas.

UNA INTERVENCIÓN MEMORABLE

Durante el segundo mandato de Prevost como prior general de los agustinos, Benedicto XVI convocó el Sínodo para la Nueva Evangelización, con el fin de explorar cómo la Iglesia podía proponer de manera renovada a Cristo a aquellos alejados de la institución. En una de sus sesiones, Prevost formuló una reflexión aguda sobre la competencia de los medios de masas con el mensaje cristiano, primero, para reemplazarlo después con el secularismo, el consumismo y la inmoralidad. Esta es la intervención completa:

Por lo menos en el mundo contemporáneo occidental, si no en todo el mundo, la mentalidad de las personas en lo que se refiere a la fe y la ética está ampliamente determinada por los medios de comunicación de masas, especialmente por la televisión y el cine. Los medios de comunicación occidentales son extraordinariamente eficaces a la hora de fomentar entre el gran público una enorme simpatía por creencias y prácticas que están en desacuerdo con el Evangelio. Sin embargo, esta oposición abierta al cristianismo por parte de los medios de comunicación es solo un aspecto del problema. La simpatía por un estilo de vida anticristiano que los medios promueven ha arraigado de forma tan brillante e ingeniosa en los espectadores que, cuando la gente oye el mensaje cristiano, inevitablemente lo encuentra muchas veces ideológico y emocionalmente cruel en comparación con la ostensible humanidad de la perspectiva anticristiana. Los pastores católicos que predican en contra de la legalización del aborto o de la redefinición del matrimonio quedan representados como si estuviesen movidos por la ideología, como si fuesen severos y carentes de tacto, no por lo que digan o hagan, sino porque su audiencia contrapone su mensaje con el estilo empático y comprensivo de las imágenes que forjan los medios de comunicación de unos seres humanos que, al verse inmersos en situaciones vitales moralmente complejas, optan por aquello que se presenta como más sano y bueno.

Vemos, por ejemplo, cómo las familias alternativas compuestas por parejas del mismo sexo y sus hijos adoptados se representan en la televisión y el cine de un modo benigno y empático. Si la nueva evangelización quiere contrarrestar estas distorsiones de la realidad religiosa y ética que los medios de comunicación han logrado producir, los pastores, predicadores, profesores y catequistas deberán mantenerse mucho más informados acerca del reto que representa evangelizar en un mundo dominado por dichos medios.

Los Padres de la Iglesia ofrecieron una orientación excepcional ante las fuerzas literarias y retóricas no cristianas y anticristianas que operaban en el Imperio Romano, dando forma a la imaginación religiosa y ética de la época. Las *Confesiones* de san Agustín, con su imagen central del *cor inquietum*, han transformado la forma en que cristianos y no cristianos en Occidente imaginan la aventura de la conversión religiosa. En su *Ciudad de Dios*, recurrió a la leyenda del encuentro entre Alejandro Magno y un pirata capturado para ironizar sobre la supuesta legitimidad moral del Imperio Romano. Los Padres de la Iglesia, entre ellos Juan Crisóstomo, Ambrosio, León Magno o Gregorio de Nisa, no eran grandes retóricos porque fuesen grandes predicadores: fueron grandes predicadores porque antes habían sido grandes retóricos. En otras palabras, su evangelización fue fructífera en gran parte porque comprendieron los fundamentos de las comunicaciones sociales propias del mundo en el que vivían. En consecuencia, entendieron con enorme precisión las técnicas con las que la imaginación popular, religiosa y ética, era manipulada por los centros del poder secular de esa era.

Es más: la Iglesia debe resistir la tentación de considerar que puede competir con los medios de masas convirtiendo la liturgia sagrada en un espectáculo. De nuevo, Padres de la Iglesia como Tertuliano nos recuerdan hoy que los espectáculos visuales son el dominio del *saeculum* [el reino secular], y que nuestra misión específica es la de presentar a las personas la naturaleza del misterio como antídoto de esos espectáculos. Así pues, la evangelización en el mundo moderno debe encontrar la manera apropiada de redirigir la atención pública del espectáculo hacia el misterio.

Pese a que el primer párrafo, en el que Prevost desaprobaba el «estilo de vida homosexual», atrajo gran atención mediática secular, lo más interesante de su discurso no es eso, sino la profundidad con la que reflexiona sobre la relación entre los medios de masas modernos y la proclamación de la buena nueva de Jesucristo. Recomienda a la Iglesia volver la vista hacia las raíces, cuando grandes santos como Ambrosio y Agustín aprendieron retórica —el estudio atemporal de la comunicación y la persuasión que también entonces estaba a la última—, para convertirse en predicadores de primera categoría. En particular, el futuro papa advertía de que la Iglesia no debía competir contra los medios en sus propios términos, sino ofreciendo una alternativa de un modo adecuado al mensaje cristiano y a la persona de Jesucristo. Esto es, no un «espectáculo», sino «el misterio». El papa León retomó esta consideración en una de las primeras intervenciones de su pontificado, cuando se dirigió a los representantes de las iglesias orientales para recordarles que debían conservar su patrimonio espiritual y litúrgico.

El título de sus comentarios, "La contracultura de la Nueva Evangelización", reflejan a las claras —de nuevo— que no busca contemporizar con el secularismo moderno, porque considera que la civilización actual, sobre todo en Occidente, es territorio de misión, como enfatizaría en una audiencia con la prensa pocos días después de su elección, en la que agradeció a los medios el esfuerzo por cubrir el periodo de sede vacante, y después aludió a los retos que se plantea el sector de las comunicaciones:

> Hoy, uno de los desafíos más importantes es el de promover una comunicación capaz de hacernos salir de la "torre de Babel" en la que a veces nos encontramos, de la confusión de lenguajes sin amor, frecuentemente ideológicos y facciosos. Por eso, su servicio, con las palabras que usan y el estilo que adoptan, es importante. La comunicación, de hecho, no es solo transmisión de informaciones, sino creación de una cultura, de ambientes humanos y digitales que sean espacios de diálogo y de contraste. Y, considerando la evolución tecnológica, esta misión se hace más necesaria aún. Pienso, particularmente, en la inteligencia artificial con su potencial inmenso, que requiere, sin embargo, responsabilidad y discernimiento para orientar los instrumentos al bien de todos, de modo que puedan producir beneficios para la humanidad. Y esta responsabilidad nos concierne a todos, de acuerdo a la edad y a los roles sociales[44].

Misión romana

Una vez completados sus doce años como prior general, León regresó brevemente a Chicago, antes de que el papa Francisco lo enviase a Chiclayo, para reclamarlo después, en 2023, de vuelta en Roma, esta vez de forma definitiva. Francisco ya se había interesado por el potencial del futuro papa en el desempeño de responsabilidades en la curia. En 2019, lo nombró miembro de la Congregación para el Clero, y al año siguiente se incorporó también a la de Obispos (las congregaciones pasaron a llamarse dicasterios en 2022), lo que procuró al obispo peruano cierta experiencia en la burocracia vaticana.

Cuando el papa Francisco le pidió que se convirtiese en el prefecto, o director, del Dicasterio de Obispos, en abril de 2023, no deseaba marcharse de Perú, pero ya se ha visto cómo interpretó, con acierto, que el Señor le estaba ofreciendo un nuevo territorio de misión. Además, el empleo conllevaba un ascenso: en septiembre de 2023, Francisco hizo cardenal a Prevost, como suele ocurrir con los prefectos de los dicasterios.

Inicialmente, como también es habitual entre los miembros de la curia elevados al Colegio de Cardenales, Prevost fue nombrado cardenal diácono y titular de la iglesia de Santa Mónica, en Roma. A comienzos de 2025, sin embargo, se convirtió en cardenal obispo de Albano, haciendo de él uno de los de mayor rango, pese a que apenas llevaba en el Colegio dos años, lo que demostraba la estima y confianza del papa en el nuevo prefecto.

Entre sus funciones, estaba la de supervisar a la jerarquía de cinco mil diócesis y otros territorios eclesiásticos, lo que implica desde la formación y, sobre todo, la actualización continua de los obispos ya designados hasta el aspecto más visible de su trabajo, que es el de asesorar al Santo Padre en el nombramiento de nuevos obispos para un buen número de diócesis. La excepción son aquellas que quedan bajo la responsabilidad de otros departamentos vaticanos, como el del Dicasterio para la Evangelización de los Pueblos, que vela por los territorios de misión. Así pues, una de las claves del puesto consiste en comprender las prioridades del papa y ayudarle a atajarlas.

En la política eclesial, cuesta atribuir una decisión concreta a una persona en particular, excepto si se trata del papa. A veces, incluso los prefectos de los dicasterios son ignorados o puenteados. Hay comentaristas que han agradecido —o acusado— al entonces cardenal Prevost por distintos nombramientos en la época de Francisco, pero, como él mismo recordaba una y otra vez al describir sus funciones, la última palabra siempre la tuvo el papa. No obstante, como prefecto, sus responsabilidades fueron mucho más allá de las Américas, y fue entonces cuando forjó sus relaciones y ahondó en su conocimiento de la administración de la Iglesia, aplicando y aumentando la experiencia adquirida en Estados Unidos y Perú. Todo ello, en conjunto, fue lo que atrajo la atención de los cardenales electores que lo escogerían como el próximo papa.

8.
EL CÓNCLAVE

EL 14 DE FEBRERO DE 2025, el papa Francisco fue internado en el hospital Gemelli por una complicación respiratoria a causa de un resfriado. Durante los días posteriores, su estado empeoró por una neumonía en ambos pulmones. El Santo Padre no llegaría a recuperarse. De vuelta a la Casa de Santa Marta en el Vaticano, el 23 de marzo, apareció varias veces en público, pero con aspecto frágil y la voz aún afectada. Su último acto fue el domingo de Pascua, cuando impartió la tradicional bendición *Urbi et Orbi* desde la logia de la basílica de San Pedro. En las horas siguientes, su estado de salud empeoró y, a primeras horas del 21 de abril, sufrió un ataque y una crisis respiratoria que le arrebataron la vida.

Con el fallecimiento del papa Francisco, la Iglesia entró en el periodo de sede vacante, el interregno en el que la cátedra de San Pedro está vacía y los asuntos eclesiales quedan bajo el mando del Colegio de Cardenales. Los preparativos del funeral y el cónclave posterior fueron conducidos por el cardenal camarlengo, el irlandés-americano Kevin Farrell.

En los años anteriores, en vista del lento pero patente declive médico de Francisco, se habían multiplicado las especulaciones sobre su posible sucesor. Los rumores sobre los papables —cardenales que podrían ser escogidos como sucesores del papa— son una realidad persistente en el terreno más humano de la Iglesia. En este caso, a partir del 14 de febrero empezaron a rebrotar y, tras la muerte del papa Francisco, a lo largo de los días de luto, del funeral, de los *novendiales* (los nueve días oficiales de duelo después del entierro) y del inicio de los encuentros entre los cardenales del Vaticano, en las denominadas congregaciones generales, respondían básicamente a la especulación. Los medios se concentraron en el auge o declive de los candidatos mientras sus colegas cardenales tenían ocasión de valorarlos y conocerlos con más profundidad.

Las congregaciones generales fueron más importantes que nunca porque, antes del cónclave, muchos de los integrantes del Colegio no se conocían entre ellos. El papa Francisco había convocado pocas veces en Roma al conjunto. En 2015 lo hizo para acometer la reforma de la curia, el aparato burocrático vaticano, pero las discusiones se complicaron por la proximidad del reciente Sínodo de la Familia, y por las propuestas de permitir que los católicos divorciados y vueltos a casar pudiesen recibir la Comunión sin que su matrimonio hubiese sido declarado nulo. Francisco no volvió a reunirlos en Roma hasta 2022, y en ese caso se trató de un llamamiento muy restringido. Los cardenales, sobre todo, asistieron a conferencias sobre la reforma de la curia, y apenas pudieron pasar tiempo juntos. Mientras tanto, el papa había sumado nuevos miembros al Colegio cada año excepto en 2021, por la pandemia de covid, y muchos de ellos procedían de regiones del mundo muy distantes entre sí.

Este fue el motivo por el que algunos cardenales pidieron retrasar el cónclave durante el tiempo máximo permitido por las normas que regulan el interregno, y que se recogen en la constitución apostólica *Universi dominici gregis*, promulgada por el papa san Juan Pablo II en 1996, que sus dos sucesores inmediatos apenas modificaron. Otros, partidarios de un inicio rápido del cónclave, querían acortarlo y, finalmente, los cardenales en conjunto optaron por comenzar el segundo día permitido por el reglamento.

Ascenso a la cumbre

Una vez en marcha, las congregaciones generales del cónclave fueron un foro de escucha y diálogo directo sobre dos asuntos amplios: los retos enormes que encara la Iglesia y el perfil más adecuado para confrontarlos como su cabeza. Para cuando se convocó la decimosegunda y última, el 6 de mayo, día anterior al comienzo del cónclave, los cardenales habían tratado multitud de temas, cuyas notas y resúmenes fueron distribuidos por la oficina de prensa de la Santa Sede, y entre los que destacaban algunas prioridades que el periodista Marco Mancini listó en *ACI Stampa*:

1. Importancia del derecho canónico.
2. Diversidad étnica en la Iglesia.
3. Sinodalidad y eclesiología de la comunión.
4. Un pontífice pastoral, abierto al diálogo con el mundo; naturaleza misionera de la Iglesia; el papel de los pobres.
5. Mayor relevancia de la curia romana.
6. La búsqueda de la paz.
7. Hermenéutica de la continuidad entre los tres últimos pontificados[45].

Leyendo esta clasificación, se entiende que los cardenales estaban comentando de manera sucinta los doce años del pontificado de Francisco: entre ellos, había quienes criticaban su decisión de desgajar el poder de gobierno de la Iglesia de las Sagradas Órdenes. Según una información de la revista jesuita *America*, el cardenal Beniamino Stella, de 83 años y, por tanto, no elector en el cónclave, lamentó en la séptima congregación general del 30 de abril que Francisco hubiese «impuesto sus ideas» sobre el gobierno, sobre todo al designar a laicos —hombres y mujeres— para puestos de responsabilidad en la curia. Pese a la breve tormenta mediática, que llegó a acusar al cardenal Stella de traicionar a quien le había nombrado, Francisco, el debate posterior puso en duda la suposición de que los cardenales pretendían escoger a una fotocopia del anterior pontífice.

Es cierto que Francisco había elegido a 108 de los 133 cardenales electores que entraron en la Capilla Sixtina, pero el conjunto era más diverso, menos ideologizado y más impredecible de lo que auguraban los expertos. Los votantes procedían de 71 países, de los que más de 20 estaban representados por primera vez, y sus intereses no encajaban en las categorías de los medios occidentales.

Como en cualquier otro cónclave, la prensa publicó distintos nombres, y no dejaron de aparecer listas más reducidas y supuestos «tapados», entre otros los italianos Pietro Parolin, secretario de Estado, y Matteo Zuppi, arzobispo de Bolonia; el filipino Luis Tagle, proprefecto del Dicasterio para la Evangelización; el salesiano español Cristóbal López Romero, arzobispo de Rabat, en Marruecos; el nacido en Italia y patriarca latino de Jerusalén Pierbattista Pizzaballa; el francés Jean-Marc Aveline, arzobispo de Marsella y el húngaro Péter Erdö, arzobispo de Esztergom-Budapest, favorito de los considerados conservadores. Poco después de las congregaciones generales, además, surgieron otros nombres como supuestos tapados, pero uno de ellos se repetía en los medios y, como se ha sabido después, también entre los propios cardenales: Robert Francis Prevost.

Su designación no fue un producto mediático y, de hecho, pese a que se citase como papable, quedó descartado por el obstáculo insalvable, según la tradición, de su nacionalidad estadounidense. Se daba por sentado que los cardenales no escogerían a un ciudadano de la mayor superpotencia mundial.

Aun así, su nombre seguía circulando.

Cuando se inició el cónclave, el 7 de mayo, un grupo de cardenales electores se había agrupado en torno al candidato Prevost y, aunque se desconoce la secuencia concreta de acontecimientos que se desarrollaron en la Capilla Sixtina durante las cuatro votaciones, y es probable que así siga siendo, Prevost llegó con un número notable de votos favorables. Fue acumulando más, hasta sumar la mayoría imprescindible de dos tercios en la cuarta ronda, la primera de la tarde del 8 de mayo.

Una vez superados los 89 cardenales a su favor, se dice que aún añadió más, hasta sobrepasar un centenar de los 133 posibles. Entonces, el cardenal Pietro Parolin, cardenal más longevo del cónclave, le preguntó: «*Acceptasne electionem de te canonice factam in Summum Pontificem?* ¿Aceptas tu elección canónica como Sumo Pontífice?» Y respondió: «*Accepto*. Acepto» A continuación, le preguntó: «*Quo nomine vis vocari?* ¿Por qué nombre quieres que se te llame?» Para sorpresa de muchos cardenales, su respuesta fue: «*Leone decimo quarto*. León XIV».

De Robert a León

¿Cómo se impuso en el cónclave el misionero agustino estadounidense? Una columna escrita para el *New York Post* por el cardenal Timothy Nolan, de Nueva York, ofrece alguna pista:

> Hacía poco más de dos semanas que habíamos perdido al papa Francisco, y aún lamentábamos su muerte, pero durante los diecisiete días anteriores, mis hermanos cardenales y yo nos habíamos reunido a diario para hablar de las fortalezas de la Iglesia según la perspectiva de cada uno, de los retos que seguimos afrontando y de las cualidades de la persona que necesitaríamos para guiarnos.
>
> En esas largas horas, en las pausas para el café o durante las comidas y cenas, otros cardenales me preguntaron con frecuencia: «Háblame del cardenal Prevost. ¿Qué clase de persona es?».

Ante eso, con honestidad, tenía que responder que no lo conocía. Lo conocía, claro, y lo que había oído sobre él me había impresionado. Alguien un tanto tímido, que escuchaba bien, que dominaba varias lenguas; un sacerdote con gran experiencia en Latinoamérica, antiguo prior de su orden religiosa que, por último, llevaba ya unos cuantos años en Roma y estaba familiarizado con las tareas burocráticas de la curia.

«Sabe llevar una reunión», me dijo un cardenal. ¡No es un cumplido pequeño, ya que a casi todos se nos da mal! Otro añadió que «escucha a todos, pero si hace falta tomar una decisión, sabe hacerlo». Y otro: «Tiene un amor profundo por los pobres»[46].

Dolan añadía que, después de pasar un tiempo con el cardenal Prevost, se quedó impresionado, y no fue el único. Al valorar cómo pudo desarrollarse la votación de los cardenales, el diálogo en las congregaciones generales pareció fijar dos criterios. El primero se centraba en el enfoque que adoptaría el nuevo pontífice acerca de los retos a los que se enfrenta la Iglesia. ¿Lograría el candidato responder de forma convincente a las inquietudes y asuntos que habían surgido durante las congregaciones?

El segundo, relacionado con el anterior pero también indispensable por derecho propio, era la idoneidad del nuevo papa de sellar las divisiones, palpables en la Iglesia y evidentes entre los propios cardenales, durante y después del pontificado del papa Francisco. Entra en juego aquí la cuestión de la continuidad, y la de las dudas sobre si el siguiente pontificado supondría una prolongación agresiva del programa que acometió Francisco en temas como la sinodalidad, si se alejaría de este tajantemente o si escogería una vía media, guiando a la Iglesia no solo en la estela del anterior papa, sino en la de todos los pontificados de la era moderna, sobre todo los vividos después del Concilio Vaticano II (1962-1965).

Analizando los asuntos puestos sobre la mesa en las congregaciones generales, la experiencia y el carácter del cardenal Prevost respondían casi a todos y cada uno de ellos. Era un canonista que podía aclarar muchas de las confusiones e incertidumbres provocadas por la oleada de nuevas normas y modificaciones en el derecho canónico que introdujo el anterior pontífice. Comprendía la auténtica diversidad de la Iglesia, gracias a sus años de ministerio, sobre todo en Latinoamérica y como general de los agustinos, al tiempo que estaba comprometido absolutamente con la unidad en Cristo, según revela su lema episcopal. También se había mostrado partidario de la sinodalidad, aunque con mesura, y entendía a fondo la naturaleza misionera de la Iglesia, como ocurría con el funcionamiento de la curia romana y con la necesidad de un buen gobierno. Además, tenía fama de saber escuchar y encontrar consensos como vía para alcanzar la verdadera paz. Por último, era consciente de la importancia de la continuidad, ya que había ejercido durante varios pontificados.

Quedaba pendiente la cuestión de su trasfondo estadounidense. Aunque hubiese nacido en Estados Unidos, los cardenales repararon en que llevaba viviendo fuera de ese país décadas, y además tenía doble nacionalidad, con la peruana. Aparte de ciudadano norteamericano, León está nacionalizado en Perú, un honor que se confiere a todos los obispos católicos del país en virtud de un concordato con la Santa Sede. Además, y como cardenal instalado en

Roma, también dispone del pasaporte vaticano, que le garantiza lo que se suele llamar la «ciudadanía funcional» de la Santa Sede.

Devoto de Perú, aparecía como un artífice de puentes entre América del Norte y del Sur, y potencialmente entre Estados Unidos y Roma. También los tendía entre los cardenales de todo el espectro ideológico, gracias a su reputación de moderado y prudente con respecto a los asuntos internos más conflictivos de la Iglesia. Por tanto, que hubiese nacido en Estados Unidos apenas tuvo repercusión entre los cardenales electores. En la rueda de prensa posterior al cónclave, convocada en el Colegio Americano de Roma, se preguntó a los cardenales de dicho país si el origen del papa León había supuesto un inconveniente. Robert McElroy, arzobispo de Washington, se mostró sorprendido, y confesó que no había sido un hecho relevante. «Creo que apenas ha importado que sea norteamericano para las deliberaciones del cónclave, y es cierto que me sorprende». El cardenal Daniel DiNardo, arzobispo emérito de Galveston-Houston, añadía que «en realidad, es un ciudadano del mundo, ya que ha pasado gran parte de su vida, su ministerio, su labor misionera y su entrega por Cristo en Sudamérica»[47].

El cardenal Prevost fue escogido como papa por la mayoría de los cardenales electores, quienes vieron en él a la persona más adecuada para convertirse en el 266.º sucesor de san Pedro. No fue un candidato de consenso, sino que en él se consensuaban las necesidades de la Iglesia en este momento. Al día siguiente de su elección hizo patente la gratitud hacia los cardenales que habían nombrado a León XIV:

Vosotros, queridos cardenales, sois los más estrechos colaboradores del Papa, y esto me sirve de consuelo al aceptar un yugo que claramente supera no solo mis fuerzas, sino las de cualquier otro. Vuestra presencia me recuerda que el Señor, que me ha confiado esta misión, no me deja solo con la carga de esta responsabilidad[48].

De una manera particular, León XIV confiará en san Agustín y en la espiritualidad agustina que lo ha sostenido durante toda su vida y su ministerio, como se ve en una cita en concreto de su gran antecesor, que ha repetido varias veces. En ella, Agustín reconoce su miedo y debilidad como autoridad espiritual, pero pone la confianza en la identificación, compartida con los suyos, con la persona de Jesucristo. Ese es el modelo que el papa León XIV está adoptando para su propio liderazgo espiritual:

> Si me asusta lo que soy para vosotros, me consuela lo que soy con vosotros. Para vosotros soy obispo, con vosotros soy cristiano. Aquel nombre expresa un deber, este, una gracia; aquel indica un peligro, este, la salvación (San Agustín, sermón 340).

CONCLUSIÓN
UNA NUEVA ÉPOCA LEONINA

¿Qué dice un nombre? En el Génesis, la capacidad de nombrar a los animales conferida a Adán y a Eva significaba su dominio sobre las criaturas inferiores de Dios. Cuando los padres ponen nombre a sus hijos, están dándoles su primera identidad, y cuando coincide con el de un santo, expresan una esperanza para el futuro.

Los papas escogen su propio nombre, pero no lo hacen por ellos. Igual que los cardenales en el cónclave responden al Espíritu Santo, incluso sin ser del todo conscientes, el nuevo Santo Padre interactúa con Él. Puede que no fuese el Espíritu Santo quien guio al cardenal Robert Francis Prevost a decantarse por León, pero fue su inspiración la que llevó a la Iglesia a escoger a alguien que optaría por ese nombre.

En todo caso, el Señor, la Iglesia y el Vicario de Cristo nos están diciendo algo fundamental sobre el ahora, al inaugurar una nueva época leonina.

Aunque se ha aludido por extenso, también en este libro, al inmediato predecesor leonino de Prevost, León XIII, y el nuevo papa se ha referido a él directamente en varias ocasiones, sería un error pasar por alto al primer León de todos, cuya tradición han seguido los demás.

El papa san León I, conocido como el Magno, fue uno de los pontífices más importantes de la historia de la Iglesia, un juicio que compartía, por ejemplo, Benedicto XVI. Hoy en día es célebre por haber abandonado Roma en el 452 para enfrentarse a Atila el Huno, que había invadido Italia y marchaba contra la ciudad eterna. No se sabe lo que se dijeron, pero sí lo que sucedió después: el conquistador retrocedió y salió de la península italiana, y el temido gobernante de los hunos, conocido como el Azote de Dios, murió poco más tarde.

Sin embargo, las mayores hazañas de León fueron las teológicas, y su actividad fue indispensable en la defensa de la naturaleza plenamente humana y plenamente divina de Cristo, la unión hipostática en una sola persona: un concepto complicado, que dejaremos para mejor ocasión. No es fácil trasladarse mentalmente al siglo v, pero en esa época los debates sobre la naturaleza de Cristo zarandeaban al naciente cristianismo, y no estaba claro qué visión se impondría. El discurso de León ante el Concilio de Calcedonia del 451 fue brillante y —lo fundamental— verdadero, hasta el punto de que definió la doctrina cristológica que ha llegado hasta hoy. Por eso fue proclamado doctor de la Iglesia, uno de los dos únicos papas, junto a san Gregorio Magno, en alcanzar tal honor. Además, bajo su mandato se consolidó la primacía del obispo de Roma, esto es, del papa, quedando fijada también hasta ahora. Siguiendo esta tradición, el cardenal Gioachino Pecci tomó el nombre de León XIII en febrero de 1878. León XIV, intencionadamente, ha reiterado esa elección para aplicar la doctrina social de la Iglesia a la revolución tecnológica, económica y social contemporánea: entonces era la era industrial; hoy es la digital.

En un discurso a los miembros de la fundación Centesimus Annus Pro Pontifice, el 17 de mayo de 2025, el papa León se refirió al papel nuclear de la doctrina social para confrontar las necesidades actuales, con fidelidad magisterial a León XIII, a la *Rerum novarum* y al Concilio Vaticano II. «Os invito», dijo a su audiencia, pero con una voz que hablaba a toda la Iglesia,

> a participar activa y creativamente en este ejercicio de discernimiento, contribuyendo a desarrollar la doctrina social de la Iglesia junto con el pueblo de Dios, en este período histórico de grandes cambios sociales, escuchando y dialogando con todos. Hoy existe una necesidad generalizada de justicia, una exigencia de paternidad y maternidad, un profundo deseo de espiritualidad, sobre todo por parte de los jóvenes y los marginados, que no siempre encuentran canales eficaces para expresarse. Hay una creciente demanda de la doctrina social de la Iglesia a la que tenemos que dar respuesta[49].

Es probable que el nuevo León incomode a todas las facciones políticas e ideológicas en un momento u otro, igual que hizo León XIII, al reiterar la naturaleza intemporal de la doctrina cristiana, que trasciende cualquier categoría contemporánea. Pero entre ambos existen otras resonancias, otras áreas en las que el nuevo León parece encaminado a continuar el legado de su predecesor. Por ejemplo, el anterior fomentó el redescubrimiento de la lectura de santo Tomás de Aquino y puso en boga su teología, en un renacimiento tomista que aún persiste, ya que es el teólogo que ocupa el papel preponderante entre los demás pensadores de la historia de la Iglesia. León XIII fundó la academia pontificia que lleva su nombre, además de las facultades de Filosofía y de Derecho Canónico de la universidad también homónima. Casi un siglo después, cómo no, León XIV se doctoraría en Derecho Canónico en esta institución.

Parece al menos posible que León XIV busque hacer con san Agustín, el llamado «Doctor de la Gracia», lo que León XIII hizo con santo Tomás, según la opinión del teólogo James K. A. Smith publicada en *America*. Hasta el momento, ha citado varias veces al gran Agustín, y ha visitado a sus hermanos en el Augustinianum. Quizá, igual que el mundo necesitaba de la precisión y la amplitud de miras de santo Tomás en la época de León XIII, hoy precise de la humanidad y la hondura de san Agustín, sobre todo en su teología de la comunión. Como afirma Smith, «no estoy seguro de que nuestro mundo exija en este instante analizar arcanos teológicos, sino escuchar que Dios está cerca de los corazones quebrados, y que ofrece su propio cuerpo para satisfacer nuestras ansias»[50].

Otro aspecto importante del magisterio de León XIII tal vez relevante para León XIV en un entorno en el que la superstición y lo oculto parecen retornar, especialmente en Occidente, es que fue él quien compuso la bella y poderosa oración a san Miguel Arcángel que se recita cada vez con mayor frecuencia en las iglesias.

CONGREGAR

El pontificado de León XIV solo tiene semanas de vida, pero ya muestra una claridad y una conciencia de misión que comenzaron con su aparición ante el escenario mundial el 8 de mayo. Entre las razones que explican esta sensación de estabilidad y de certezas se encuentra su decisión deliberada de vestir las ropas tradicionales de los papas, añadiendo a la sotana y la esclavina blancas la muceta roja y la estola. No fue un rechazo de la simplicidad buscada por el papa Francisco, sino un esfuerzo consciente por integrarse —a sí mismo y a su pontificado— en la estela de sus predecesores, y en los antiguos símbolos y costumbres del papado y de la Iglesia. La línea de continuidad e integración que ha trazado sobrepasa lo simbólico o representativo; existe un deseo manifiesto de aunar los pontificados recientes, el Concilio Vaticano II y a los Padres de la Iglesia. No se trata de aplacar a las supuestas facciones o bandos en su lucha por el poder dentro de la Iglesia, sino de excavar los ricos tesoros doctrinales que han caracterizado a los Padres, al Concilio y a los papas modernos para acrecentar la unidad de la Iglesia en una época fracturada. El papa León XIV confía en que esas enseñanzas aúpen a la Iglesia a la unidad afianzada en Cristo, y en que nos preparen para la tarea inmensa de evangelización a la que hemos sido llamados.

Desde su primera bendición *Urbi et orbi* del 8 de mayo, este anhelo de integración ha estado presente, y se ha prolongado en cada una de sus apariciones. Se hace evidente en sus audiencias y en su predicación, cuando cita el Concilio Vaticano II, sobre todo sus documentos seminales, *Lumen gentium* y *Gaudium et spes*, a los Padres de la Iglesia, incluidos san Agustín, el papa san León Magno, Efrén el Sirio e Ignacio de Antioquía, y a todos sus predecesores recientes.

Thomas Joseph White, O. P., rector de la Universidad Pontificia de Santo Tomás de Aquino, en Roma, escribió sobre este uso particular del legado de los papas modernos en un comentario en *First Things*, titulado «Un revivir leonino»:

> Quizá hay algo que aprender, por tanto, de cada uno de los pontificados, buscando una unidad más amplia: de san Juan Pablo II, su testimonio evangélico en la enseñanza y la vivencia de la fe católica, de un modo radical, a veces opuesto a la cultura de un mundo secularizado; de Benedicto, la búsqueda de una vida litúrgica más profunda en la Iglesia, y su entrega a la erudición y a la reflexión teológica; de Francisco, su mensaje de misericordia universal, su solidaridad concreta y orientada a lo político con los pobres, su escucha del pueblo fiel y su cercanía a aquellos que habían sido apartados de la jerarquía eclesial[51].

Como estos, y otros de sus antecesores en su época respectiva, León XIV se enfrenta a una multiplicidad de desafíos nada más iniciar el pontificado, entre los que aparecen las guerras de Ucrania y de Gaza, y de tantos otros sitios; las revoluciones tecnológicas y la amenaza al ser humano; el secularismo y el ateísmo crecientes y el odio a las creencias religiosas; las migraciones masivas y la falta de dignidad y de trabajo; la fragmentación social y cultural; las insidias contra la familia y la vida humana esparcidas por la ideología de género, el aborto, la eutanasia y los vientres de alquiler; y las divisiones dentro de la Iglesia, de un modo destacado el camino sinodal alemán y sus pretensiones heterodoxas para la Iglesia en ese país.

Nuestro nuevo Santo Padre parece convencido de que el camino que espera a la Iglesia y al mundo deberán pavimentarse con la escucha y con la aplicación de la doctrina imperecedera de la Iglesia a las situaciones y circunstancias más novedosas. Por eso ha integrado de una manera consciente el pensamiento agustiniano y el leonino de una forma hondamente cristocéntrica.

Por Él, con Él y en Él

Atravesamos con el espíritu y con el pensamiento los dilatados espacios del océano, y, aunque ya en otras oportunidades nos hemos dirigido a vosotros por escrito [...] hemos determinado dirigiros ahora la palabra por separado, con el propósito, si Dios lo quiere, de ser útiles a la familia católica de entre vosotros. Y emprendemos esta tarea con sumo interés y cuidado, ya que tenemos en suma consideración y estimamos mucho al pueblo americano, fuerte por su juventud, en el cual percibimos gérmenes de grandeza no solo en lo político, sino también en lo cristiano.

Estas son las palabras con las que abría su encíclica *Longiniqua*, «Sobre el catolicismo en Estados Unidos», el papa León XIII, documento que también enmarca este libro. Qué hermoso es que el amor expresado por ese país reaparezca en la persona del papa León XIV. Con todo, la América a la que interpelaba León era muy distinta de aquella en la que creció el nuevo León. Estados Unidos sigue siendo, en términos históricos, una nación joven, pero ha madurado de forma significativa en los ciento treinta años transcurridos desde la encíclica. En 1896, León XIII describía las «fuerzas latentes» que nutrirían a la Iglesia estadounidense; cuando Robert Prevost nació en Chicago, en 1955, ya habían cumplido su función, y la Iglesia se encontraba en su apogeo. Lugares como Dolton y Riverdale se definían por sus parroquias, que eran el centro no solo de la vida espiritual, sino de la social, incluso de la política. La cultura católica impregnaba el *seaculum*, esto es, no había una esfera en verdad secular, al menos en el sentido que se le da hoy.

En vida de León XIV todo eso ha desaparecido: su parroquia y sus centros de enseñanza fueron apagándose, y quedaron abandonados. Dolton, Riverdale y gran parte del South Side decayeron, y la cultura católica se transformó en catolicismo cultural, cuya identidad quizás perviva, mientras sus fuentes —Cristo y su Iglesia— se van olvidando. En cambio, han sido reemplazadas por el materialismo, el consumismo y el utilitarismo, que prometen sustituir, incluso mejorar, la verdad y la paz de Cristo.

Por supuesto, han fracasado. Las personas se ansían y se desesperan, y sus corazones están más inquietos que nunca. León, el primer papa norteamericano, ha sido testigo presencial del proceso. Pero esta no es su única experiencia directa de la Iglesia y del pueblo de Dios, y de las amenazas que los acechan. Si en Estados Unidos se ha demostrado que las promesas de la modernidad eran vacuas, en Perú se descubre que la modernidad descreída no es el destino inevitable. Allí León conoció una gran pobreza material —que trató de alivianar— unida a una riqueza espiritual enorme, y tal vez comprendió que toda pretensión de contemporizar con la modernidad secularizada no aportaría más que desencanto al pueblo que servía.

Con la intrusión de los valores del Occidente moderno en las comunidades peruanas, sobre todo a través de los medios de comunicación, aparecería ante sus ojos el mismo proceso que dio pie a la disolución de las instituciones de la Iglesia que había observado en su ciudad natal: esas son las falsas promesas del materialismo y de la ideología. Se trata de un nuevo colonialismo, que trata de moldear las culturas tradicionales a imagen de las seculares no con la espada, sino con el *smartphone*. Dicho con sus palabras, pues así lo expuso, en esencia, en su intervención en el Sínodo para la Nueva Evangelización de 2012: una Iglesia misionera debe combatir el mensaje secular, también misionero, de los medios de masas.

Chicago. Perú. Roma. Pastor. Profesor. Misionero. Prior general. Obispo. Cardenal. El papa León XIV tal vez haya visto y vivido la Iglesia en más contextos que ninguna otra persona viva, ha comprendido que las necesidades del pueblo de Dios son muy diversas en cada uno de ellos, y sabe que la Iglesia debe responder con la mayor humildad y destreza. Pero, por reiterar una de sus expresiones más importantes, citada ya en este libro, «la invitación subyacente de Cristo a predicar el Evangelio [...] es idéntica en todas partes». En la senda del gran san Agustín, León XIV aportará con su papado un énfasis sin componendas en la persona divina de Jesucristo, que será el mismo en todas partes, porque también Él es el mismo. Es el Uno a quien todos necesitan, sean pobres materialmente o indigentes en lo espiritual. Es el único principio de unidad que puede congregar a Chicago con Perú y con Roma, y a todos, en todas partes.

In illo Uno unum. En el uno somos uno. Por encima de todo, eso es lo que el papa León XIV piensa que debe saber el mundo de hoy.

EPÍLOGO

*Homilía de la celebración eucarística con motivo del inicio
del ministerio petrino del papa León XIV
Domingo, 18 de mayo de 2025*

Los SALUDO A TODOS CON el corazón lleno de gratitud, al inicio del ministerio que me ha sido confiado. Escribía san Agustín: «Nos has hecho para ti, [Señor] y nuestro corazón está inquieto hasta que descanse en ti» (*Confesiones*, 1, 1.1).

En estos últimos días, hemos vivido un tiempo particularmente intenso. La muerte del papa Francisco ha llenado de tristeza nuestros corazones y, en esas horas difíciles, nos hemos sentido como esas multitudes que el Evangelio describe «como ovejas que no tienen pastor» (Mt 9, 36). Precisamente en el día de Pascua recibimos su última bendición y, a la luz de la resurrección, afrontamos ese momento con la certeza de que el Señor nunca abandona a su pueblo, lo reúne cuando está disperso y lo cuida «como un pastor a su rebaño» (Jr 31, 10).

Con este espíritu de fe, el Colegio de los cardenales se reunió para el cónclave; llegando con historias personales y caminos diferentes, hemos puesto en las manos de Dios el deseo de elegir al nuevo sucesor de Pedro, el obispo de Roma, un pastor capaz de custodiar el rico patrimonio de la fe cristiana y, al mismo tiempo, de mirar más allá, para saber afrontar los interrogantes, las inquietudes y los desafíos de hoy. Acompañados por sus oraciones, hemos experimentado la obra del Espíritu Santo, que ha sabido armonizar los distintos instrumentos musicales, haciendo vibrar las cuerdas de nuestro corazón en una única melodía.

Fui elegido sin tener ningún mérito y, con temor y trepidación, vengo a ustedes como un hermano que quiere hacerse siervo de su fe y de su alegría, caminando con ustedes por el camino del amor de Dios, que nos quiere a todos unidos en una única familia. Amor y unidad: estas son las dos dimensiones de la misión que Jesús confió a Pedro.

Nos lo narra ese pasaje del Evangelio que nos conduce al lago de Tiberíades, el mismo donde Jesús había comenzado la misión recibida del Padre: «pescar» a la humanidad para salvarla de las aguas del mal y de la muerte. Pasando por la orilla de ese lago, había llamado a Pedro y a los primeros discípulos a ser como Él «pescadores de hombres»; y ahora, después de la resurrección, les corresponde precisamente a ellos llevar adelante esta misión: no dejar de lanzar la red para sumergir la esperanza del Evangelio en las aguas del mundo; navegar en el mar de la vida para que todos puedan reunirse en el abrazo de Dios.

¿Cómo puede Pedro llevar a cabo esta tarea? El Evangelio nos dice que es posible solo porque ha experimentado en su propia vida el amor infinito e incondicional de Dios, incluso en la hora del fracaso y la negación. Por eso, cuando es Jesús quien se dirige a Pedro, el Evangelio usa el verbo griego *agapao* —que se refiere al amor que Dios tiene por nosotros, a su entrega sin reservas ni cálculos—, diferente del verbo usado para la respuesta de Pedro, que en cambio describe el amor de amistad, que intercambiamos entre nosotros.

Cuando Jesús le pregunta a Pedro: «Simón, hijo de Juan, ¿me amas?» (Jn 21, 16), indica pues el amor del Padre. Es como si Jesús le dijera: solo si has conocido y experimentado el amor de Dios, que nunca falla, podrás apacentar a mis corderos; solo en el amor de Dios Padre podrás amar a tus hermanos «aún más», es decir, hasta ofrecer la vida por ellos.

A Pedro, pues, se le confía la tarea de «amar aún más» y de dar su vida por el rebaño. El ministerio de Pedro está marcado precisamente por este amor oblativo, porque la Iglesia de Roma preside en la caridad y su verdadera autoridad es la caridad de Cristo. No se trata nunca de atrapar a los demás con el sometimiento, con la propaganda religiosa o con los medios del poder, sino que se trata siempre y solamente de amar como lo hizo Jesús.

Él —afirma el mismo apóstol Pedro— «es la piedra que vosotros, los constructores, habéis rechazado, y ha llegado a ser la piedra angular» (Hch 4, 11). Y si la piedra es Cristo, Pedro debe apacentar el rebaño sin ceder nunca a la tentación de ser un líder solitario o un jefe que está por encima de los demás, haciéndose dueño de las personas que le han sido confiadas (*cfr.* 1 P 5, 3); por el contrario, a él se le pide servir a la fe de sus hermanos, caminando junto con ellos. Todos, en efecto, hemos sido constituidos «piedras vivas» (1 P 2, 5), llamados con nuestro bautismo a construir el edificio de Dios en la comunión fraterna, en la armonía del Espíritu, en la convivencia de las diferencias. Como afirma san Agustín: «Todos los que viven en concordia con los hermanos y aman a sus prójimos son los que componen la Iglesia» (sermón 359, 9).

Hermanos y hermanas, quisiera que este fuera nuestro primer gran deseo: una Iglesia unida, signo de unidad y comunión, que se convierta en fermento para un mundo reconciliado.

En nuestro tiempo, vemos aún demasiada discordia, demasiadas heridas causadas por el odio, la violencia, los prejuicios, el miedo a lo diferente, por un paradigma económico que explota los recursos de la tierra y margina a los más pobres. Y nosotros queremos ser, dentro de esta masa, una pequeña levadura de unidad, de comunión y de fraternidad. Nosotros queremos decirle al mundo, con humildad y alegría: ¡miren a Cristo! ¡Acérquense a Él! ¡Acojan su palabra que ilumina y consuela! Escuchen su propuesta de amor para formar su única familia: en el único Cristo nosotros somos uno. Y esta es la vía que hemos de recorrer juntos, unidos entre nosotros, pero también con las Iglesias cristianas hermanas, con quienes transitan otros caminos religiosos, con aquellos que cultivan la inquietud de la búsqueda de Dios, con todas las mujeres y los hombres de buena voluntad, para construir un mundo nuevo donde reine la paz.

Este es el espíritu misionero que debe animarnos, sin encerrarnos en nuestro pequeño grupo ni sentirnos superiores al mundo; estamos llamados a ofrecer el amor de Dios a todos, para que se realice esa unidad que no anula las diferencias, sino que valora la historia personal de cada uno y la cultura social y religiosa de cada pueblo.

Hermanos, hermanas, ¡esta es la hora del amor! La caridad de Dios, que nos hace hermanos entre nosotros, es el corazón del Evangelio. Con mi predecesor León XIII, hoy podemos preguntarnos: si esta caridad prevaleciera en el mundo, «¿No parece que acabaría por extinguirse bien pronto toda lucha allí donde ella entrara en vigor en la sociedad civil?» (*Rerum novarum*, 20).

Con la luz y la fuerza del Espíritu Santo, construyamos una Iglesia fundada en el amor de Dios y signo de unidad, una Iglesia misionera, que abre los brazos al mundo, que anuncia la Palabra, que se deja cuestionar por la historia, y que se convierte en fermento de concordia para la humanidad.

Juntos, como un solo pueblo, todos como hermanos, caminemos hacia Dios, y amémonos los unos a los otros.

NOTAS

[1] León XIV, bendición apostólica *Urbi et Orbi* (8 de mayo de 2025).

[2] León XIII, Encíclica sobre el catolicismo en Estados Unidos, *Longinqua* (6 de enero de 1895), n. 13.

[3] León XIII, *Longinqua*, n. 5.

[4] León XIII, *Longinqua*, n. 4.

[5] León XIV, discurso al Colegio de Cardenales (10 de mayo de 2025).

[6] Concilio Vaticano II, Constitución pastoral sobre la Iglesia en el mundo moderno, *Gaudium et spes* (7 de diciembre de 1965), n. 26.

[7] León XIV, homilía (9 de mayo de 2025).

[8] David Vergun, "Pope Leo XIV's Father Served in the Navy during World War II", Departamento de Defensa de Estados Unidos, 9 de mayo de 2025, consultado el 19 de mayo de 2025, https://www.defense.gov/News/News-Stories/Article/Article/4180629/pope-leo-xivs-father-served-in-the-navy-during-world-war-ii/.

[9] Richard Fausset y Robert Chiarito, "New Pope Has Creole Roots in New Orleans", *New York Times*, 10 de mayo de 2025, consultado el 19 de mayo de 2025, https://www.nytimes.com/2025/05/08/us/pope-leo-creole-new-orleans.html.

[10] Julie Bosman, "The Mother Whose Catholic Faith Inspired the Future Pope", *New York Times*, 11 de mayo de 2025, consultado el 19

de mayo de 2025, https://www.nytimes.com/2025/05/11/us/mildred-prevost-robert-pope-leo-xiv-mother.html.

[11] Max Marin et al., "Inside Villanova in the 1970s, When the Future Pope Leo XIV Arrived on Campus", *Philadelphia Inquirer*, 10 de mayo de 2025, consultado el 19 de mayo de 2025, https://www.union-bulletin.com/news/national/inside-villanova-in-the-1970s-when-the-future-pope-leo-xiv-arrived-on-campus/article_9fc6b56a-70f0-5830-90cb-c47da8e4b74a.html.

[12] Jonathan Liedl, "Visiting Pope Leo XIV's Chicago: How the South Side Shaped America's First Pontiff", *National Catholic Register*, 12 de mayo de 2025, consultado el 19 de mayo de 2025, https://www.ncregister.com/news/visiting-pope-leo-xiv-s-chicago-neighborhood.

[13] Papa León XIV, discurso al Colegio de Cardenales (10 de mayo de 2025).

[14] Citado en Ricardo Morales Jiménez, "Cardinal Prevost's Warning in the Face of Polarization", *La Croix*, 10 de mayo de 2025, consultado el 19 de mayo de 2025, https://international.la-croix.com/opinions/cardinal-prevosts-warning-in-the-face-of-polarization.

[15] Matthew Becklo, "Pope Leo XIV: 'A Son of St. Augustine'", *National Catholic Register*, 12 de mayo de 2025, consultado el 19 de mayo de 2025, https://www.ncregister.com/commentaries/ pope-leo-xiv-a-son-of-st-augustine.

[16] "Pope Leo XIV Started His Papal Journey in St. Louis", *St. Louis Post-Dispatch*, 8 de mayo de 2025, consultado el 19 de mayo de 2025, https://www.stltoday.com/news/local/metro/article_89d4062b-75e0-495e-8b30-a91e8a0ac920.html.

[17] "Venerable Joseph Batholomew Menochio: Augustinian Sevant of God", Midwest Augustinians, consultado el 19 de mayo de 2025, https://www.midwestaugustinians.org/ngs-menochio.

[18] Mike Aquilina, "Pope Leo XIV's Motto, Drawn from St. Augustine, Speaks Volumes to This Moment", *National Catholic Register*, 12 de mayo de 2025, consultado el 19 de mayo de 2025, https://www.ncregister.com/commentaries/ aquilina-pope-leo-xiv-motto.

[19] Ricardo Morales Jiménez, "Interview with Cardinal Robert Prevost OSA: 'Above All, a Bishop Must Proclaim Jesus Christ'", Orden de San Agustín, actualizado el 8 de mayo de 2025, consultado el 19 de mayo de 2025, https://www.augustinianorder.org/post/

interview-with-cardinal-robert-prevost-osa-above-all-a-bishop-must-proclaim-jesus-christ.

[20] Aquilina, "Pope Leo XIV's Motto".

[21] Jiménez, "Interview with Cardinal Robert Prevost".

[22] León XIV, bendición apostólica *Urbi et Orbi*.

[23] Kevin Clarke, "A Missionary Pope: What Pope Leo XIV's Years in Peru Tell Us about How He'll Lead the Church", *America*, 13 de mayo de 2025, consultado el 19 de mayo de 2025, https://www.americamagazine.org/faith/2025/05/13/pope-let-xiv-peru-chiclayo-trujillo-chulucanas-turley-flaherty-augustinian-250678.

[24] *Ibíd.*

[25] Motoko Rich, "There's Never Been a Pope From the U.S. Could This Cardinal Change That?" *New York Times*, actualizado el 8 de mayo de 2025, consultado el 19 de mayo de 2025, https://www.nytimes.com/2025/05/02/world/americas/pope-candidate-cardinal-robert-francis-prevost.html.

[26] Franklin Briceño y Nicole Winfield, "Prevost, Now Pope Leo XIV, Known as the 'Saint of the North' in Peru for His Closeness to Poor", Associated Press, 8 de mayo de 2025, consultado el 19 de mayo de 2025, https://apnews.com/article/prevost-american-pope-profile-leo-xiv-f9d14d75ae3bbe50bda121f27ee0e42b.

[27] Inés San Martín, "In Boots during Floods, in Vestments at Mass: Peruvians Claim Leo XIV as a Local", OSV News, 14 de mayo de 2025, consultado el 19 de mayo de 2025, https://www.osvnews.com/in-boots-during-floods-in-vestments-at-mass-peruvians-claim-leo-xiv-as-a-local.

[28] *Ibíd.*

[29] Walter Sánchez Silva, "Peruvian Bishop Defends Pope Leo XIV against Accusation of Cover-Up", Catholic News Agency, 13 de mayo de 2025, consultado el 19 de mayo de 2025, https://www.catholicnewsagency.com/news/264073/peruvian-bishop-defends-pope-leo-xiv-against-accusations-of-cover-up.

[30] *Ibíd.*

[31] Andrea Tornielli, "Archbishop Prevost: 'The Bishop Is a Pastor, Not a Manager'", Vatican News, 4 de mayo de 2023, consultado el 19 de mayo de 2025, https://www.vaticannews.va/en/ngsn-city/news/2023-05/archbishop-prevost-the-bishop-is-a-pastor-not-a-manager.html.

[32] *Eucharistic Miracle of Eten: Peru, 1649*, consultado el 19 de mayo de 2025, http://www.therealpresence.org/eucharst/mir/english_pdf/Eten.pdf.

[33] *Ibíd.*

[34] Mitra Taj, Julie Turkewitz y Genevieve Glatsky, "In Chiclayo, Peru, Locals Cheer the 'Peruvian Pope'", *New York Times*, 9 de mayo de 2025, consultado el 19 de mayo de 2025, https://www.nytimes.com/2025/05/09/world/europe/pope-peru-reaction.html.

[35] Rhina Guidos, "Few Know Pope Leo XIV like These Augustinian Sisters from Peru's Catholic Community", *Global Sisters Report*, 9 de mayo de 2025, consultado el 19 de mayo de 2025, https://www.globalsistersreport.org/religious-life/few-know-pope-leo-xiv-these-augustinian-sisters-perus-catholic-community.

[36] Jiménez, "Interview with Cardinal Robert Prevost".

[37] Matthew McDonald, "Pope Leo XIV Is First Missionary to Become Pope in a Long, Long Time", *National Catholic Register*, 14 de mayo de 2025, consultado el 19 de mayo de 2025, https://www.ewtnvatican.com/articles/pope-leo-xvi-is-first-missionary-to-become-pope-in-a-long-long-time-5395

[38] Clarke, "A Missionary Pope".

[39] Jiménez, "Interview with Cardinal Robert Prevost".

[40] León XIV, discurso a los participantes en el Jubileo de las Iglesias Orientales (14 de mayo de 2025).

[41] McDonald, "Pope Leo XIV Is First Missionary".

[42] Guidos, "Few Know Pope Leo XIV like These Augustinian Sisters".

[43] Cindy Wooden, "Unity, Not Nationality Led to Pope Leo's Election, U.S. Cardinals Say", USCCB [Conferencia Episcopal de Estados Unidos], 9 de mayo de 2025, consultado el 19 de mayo de 2025, https://www.usccb.org/news/2025/unity-not-nationality-led-pope-leos-election-us-cardinals-say.

[44] León XIV, discurso a los representantes de los medios de comunicación (12 de mayo de 2025).

[45] Marco Mancini, "7 Priorities for the Next Pope, According to the Cardinals", *National Catholic Register*, 7 de mayo de 2025, consultado el 19 de mayo de 2025, https://www.ncregister.com/blog/seven-themes-twelve-congregations.

[46] Timothy Cardinal Dolan, "Cardinal Dolan Reveals How Pope Leo XIV 'Impressed' Him at the Conclave — and Predicts What Kind

of Pontiff He Will Be", *New York Post*, 10 de mayo de 2025, consultado el 19 de mayo de 2025, https://nypost.com/2025/05/10/world-news/cardinal-dolan-reveals-how-future-pope-leo-xiv-impressed-him-at-the-conclave-and-predicts-what-kind-of-pontiff-he-will-be.

[47] Wooden, "Unity, Not Nationality".

[48] León XIV, discurso de su santidad el papa León al Colegio de Cardenales (10 de mayo de 2025).

[49] León XIV, discurso de su santidad el papa León a los miembros de la fundación Centesimus Annus Pro Pontifice (17 de mayo de 2025).

[50] James K. A. Smith, "What to Expect from an Augustinian Pope", *America*, 12 de mayo de 2025, consultado el 19 de mayo de 2025, https://www.americamagazine.org/faith/2025/05/12/ngs-augustinian-pope-leo-250662.

[51] Thomas Joseph White, "A Leonine Revival", *First Things*, 13 de mayo de 2025, consultado el 19 de mayo de 2025, https://firstthngs.com/a-leonine-revival/

AGRADECIMIENTOS

Son muchas las personas a las que quiero agradecer de forma especial la redacción de este libro. A Michael Warsaw, director ejecutivo y presidente de la Junta de EWTN, por su confianza, sobre todo en que este proyecto pudiera terminarse en un plazo expeditivo. A Montse Alvarado, presidenta y directora de operaciones de EWTN News, por su apoyo entusiasta. A Andres Thonhauser, responsable de la delegación del Vaticano, y a los destacados miembros de esa sede en Roma, que trabajaron con tanto ahínco durante la sede vacante.

También quiero agradecer el respaldo incansable de Devin Jones y de Taylor Wilson, de la división editorial de EWTN, y el de Brandon McGinley, por cuya colaboración incalculable estoy también en deuda.

Por último, mi gratitud hacia mi esposa, Bonny, por su paciencia ilimitada durante los días que he dedicado a preparar y escribir este libro.

ESTE LIBRO, PUBLICADO POR
EDICIONES RIALP, S. A.,
MANUEL URIBE, 13-15, 28033 MADRID,
SE TERMINÓ DE IMPRIMIR EN
ANZOS, S. L., FUENLABRADA (MADRID),
EL DÍA 5 DE SEPTIEMBRE DE 2025.